單德興———編著

王文興 訪談集

「文學名家王文興」接受「訪談名家單德興」訪談結集

文訊 Wenhsun 雜誌社

代序

德興同學：

　　樂聞你將數十年的訪談結集付印。要說訪談文類，在古代恐怕沒有，在中國舊文學中，恐怕沒有見過。我相信，就是在西方，也要到新聞報紙問世之後，由當時的社會人物採訪紀錄轉來。嗣後逐漸深入，終入成傳記文學的重要門類。等到時代更進步，科技更高升而後，電影界的紀錄片，電視的人物訪問，都教文字的人物訪談更獲認可，更見普及。

　　以文學界的訪談而言，訪談確能補強作者個人散文抒見之不足。訪問者更是意在索取作者從未透露過的個己看法。因為訪談類歸傳記文學，故這種執意索取的作者看法包含學術方面與生活方面。我個人覺得生活方面的探詢並不重要，只惟滿足讀者的好奇心而已，倒是學術方面，文學方面的探詢，或當有其價值，因為它確可補充作者對重要文學課題的解答，甚至對文學未來的遠眺期待。

　　近好

王文興

3.3.

德樂同學：

　　早聞你將數十年的訪談結集付印。要說訪談文類，在古代恐怕沒有，在中國舊文學中，恐怕沒有見過。我相信，就是在西方，也要到新聞報紙問世之後，由當時的社會人物採訪紀錄轉來。爾後逐漸深入，終入成傳記文學的重要門類。等到時代更進步，科技更高升而後電影界的紀錄片，電視的人物訪問，都較文字的人物訪談更獲認可更見普及。

　　以文學界的訪談而言，訪談確能補強作者個人散文抒見之不足。訪問者更是意在索取作者從未透露過的個人看法。因為訪談類似傳記文學，故這種執意索取的作者看法包含學術方面與生活方面。我個人覺得生活方面的探詢並不重要，只惟滿足讀者的好奇心而已，倒是學術方面，文學方面的探詢，或當有其價值，因其它確可補充作者對重要文學課題的解答，甚至對文學未來的遠眺期待。

　　　近好

　　　　　　　　　　　　　　王文興　3.3.

〈自序〉

自家現身自說法，欲將金針度與人

精讀啟蒙

王文興老師是我精讀與訪談的啟蒙師，一如余光中老師是我文學與翻譯的啟蒙師。

自幼父母親為我播下的文學種子，經過聯考制度下中學六年的休眠，大學時終於萌芽，有幸在政治大學西洋語文學系余光中老師教導下，重啟我對文學的喜好，並培養出翻譯的興趣，決心以文學研究為職志。進入臺灣大學外文研究所之後，跟隨多位老師鑽研英美文學，印象最深刻的就是王文興老師的「現代英國小說」。

一般研究所老師指定的閱讀材料眾多，要求學生讀得愈多愈好，因此必須盡速閱讀。王老師卻要求精讀、慢讀，務必看出作家用心所在，因此主張一小時不超過一千字，一天不超過兩小時。這個理念也反映在課堂上。王老師上課速度很慢，先以磁性嗓音朗讀一段文字，停下來，環顧大教室內的學生，問道：「這是什麼意思？」學生們於是各顯身手，「各言爾志」。若所答不符，老師便問：「是這樣嗎？」再由其他同學回答。若所答切合，老師會緩緩點頭，以示首肯，讓答者很受鼓勵。若幾回下來沒人答出，他就揭曉「謎底」，說明作者的用意。王老師非常重視文字，寫作千錘百鍊，因此解讀作品時能在看似平常的字句中，發掘出出人意表的答

案。即便未必接受他的解讀，也會佩服他的獨到見解。這種特殊的上課方式——我戲稱為「猜謎大會」——讓學生們終身難忘。他自任教四十年的臺大退休，八十歲生日時婉謝外文系為他舉辦壽慶活動，改以「上課」方式。幾代學生共聚一堂，坐滿文學院階梯教室，重溫昔日上課情景，既溫馨又特殊。

當時臺灣還沒有駐校作家制度，以文學創作聞名的余老師和王老師在學院裡就兼扮駐校作家的角色。若說其他老師傳授的是文學知識，兩位老師傳達的則是對文字的敏感與對文學的熱忱。當時風行的新批評（New Criticism）強調細讀（close reading），王老師示範的精讀尤有過之，而且不假文學術語或理論，直指文字本身，探究字與字、句與句之間的關係與作用，還原到最基本功。其他老師著重廣博、宏觀，王老師則著重深入、微觀，發揮奇妙的互補作用。這種精讀方式成為獨門功夫，受教者津津樂道。

訪談啟蒙

王老師對我另一個重大啟蒙就是訪談。當時政大新聞系執全國牛耳，新聞採訪與寫作是重要課程。然而西語系開設的「新聞英文」只帶領學生閱讀英文報章雜誌，了解新聞英文的特色，不涉採訪、寫作實務。我是在臺大外文所碩士班時接觸到訪談，從英美文學開始，更精確地說，是從《巴黎評論》（*Paris Review*）的英美作家訪談錄開始。雖然在大學與碩士班課堂上多少讀過這些名家的作品，寫報告與備考時也整理、運用過一些參考資料，但始終覺得隔了一層。直到閱讀作家訪談錄——那還是平面媒體盛行的 1970 年代，不像今天網路上到處是各式各樣的訪談——發現內容包羅萬象，包括成長背景、閱讀喜好、文學教育、心儀作家、作品內容、寫作習慣、

人生起伏、創作心得、生活安排、生命經驗、作家往來、甚至文壇祕辛……在問答之間，呈現出活生生、有著喜怒哀樂的人物，不再是高高在上、只能遠觀的作家。這種親切感——以及難免的好奇心與「偷窺欲」——是閱讀文學作品時所沒有的。藉由訪談者與作家訪談取得的第一手資料，讓人增加對作家的認識，甚至有「斯人也而有斯文也」的感受。

　　大學時我開始熱中翻譯，念研究所時已出版譯書，精采的訪談令我見獵心喜，很想譯出來與人共享。其實，翻譯＝精讀＋詮釋＋表達，先進，再思，後出，是絕佳的學習方式。透過翻譯作家訪談，我不知不覺進入了這個奇妙世界。我在《英美名作家訪談錄》（書林，1986）〈出版說明〉中，對身為「代言人」的訪談者有如下的說法：

　　　　在這裡，「代言人」的意義是雙重的：他們是讀者與作者之間的傳聲筒，雙方藉著這具傳聲筒互通訊息。這些訪問者本身便是熱誠的讀者，對作品耳熟能詳，對讀者心理瞭若指掌，他們一方面「代」表讀者發「言」，請教作家眾人亟欲知道的問題；另一方面，藉著他們高超的採訪技巧，作家得以暢所欲言，輯為訪談錄，廣為流傳，「代」替作家發「言」。如此一問一答：訪者當面請益，盤根問底；答者現身說法，咳唾成珠；讀者見雙方你來我往，又覺自己內心的疑團一一化解，真是不亦快哉！（2）

上述看法我至今未變，只不過在三十多年後出版的《訪談的技藝》（中山大學人文研究中心，2020）中，據此衍生出其他不同角色：研究者、求教者、提詞者、刺激者、謄（編）寫者、翻譯者、分享者、

再現者、合作者（65-73）。

　　然而，訪談涉及實務。閱讀是一回事，實際進行是另一回事。類似《巴黎評論》的深度訪談似無理論可言，也罕見操作手冊，不同於新聞學、社會學、人類學或民族誌學的訪談，已累積出可觀的理論、方法論與實作手冊。我是從翻譯中精讀，偷師，潛移默化，既然是「偷」、「潛」、「默」，就只能暗自揣摩。即便有些規矩，但也相當空泛，無法授人以巧。正如無法從閱讀手冊學會騎車、游泳或打拳——練太極拳的經驗讓我體會到「武功祕笈」之不可恃——必須親身體驗才算上道。而第一位提供我真修實練機會的，就是王文興老師。

　　1983 年我就讀臺大外文所博士班三年級，鑽研比較文學，翻譯、修訂作家訪談錄已有數年。該年適逢第四屆國際比較文學會議，我特意選擇王老師的意識流小說撰寫英文論文，除了遍讀他所有著作——幸好量少質精——以及重要研究資料，並有意進行訪談，解答研究時的疑問，確認自己的一些猜測，包括作者的意圖、閱讀的作品、可能的影響等。我不僅心知肚明，也對好友坦言，自己的論文頂多是為王文興研究加一塊磚，但這篇訪談卻很可能成為後來者必須參考的文獻。我向王老師提出訪談請求，得知兩人都喜歡閱讀《巴黎評論》的作家訪談錄，很高興獲得首肯——日後我為人師，才體會到老師對學生的正當請求基本上不會拒絕。

　　於是我仔細準備，在每張卡片單面列出一個問題，分門別類，依約於 6 月 19 日帶著厚厚一疊卡片到老師位於文學院的研究室進行訪問錄音。王老師聆聽每一個問題，專注回答，態度從容，條理清晰。由於訪題甚多，9 月 4 日又前往舟山路臺大教職員宿舍進行第二次訪談，老師並出示寫作大綱與卡片，寫作過程中以鉛筆敲打的線條與紙張，以及由線條轉譯的初稿。這次為了出書，整理舊時檔

案，發現兩次訪談各準備了一百二十九張和七十二張卡片，錄音謄寫在四十四張和三十五張的六百字稿紙上，經老師逐字修訂，並由當時的女友（現在的太太）協助，合併成一稿，再請老師修訂，完成平生第一次訪談紀錄（多年後得知老師把文稿捐贈臺大圖書館典藏，我便將這份親筆修訂的訪談稿奉還，老師把捐贈後圖書館的收執證明寄給我，態度之認真不苟令人敬佩）。

1984 年葛浩文（Howard Goldblatt）先生於美國創辦 *Modern Chinese Literature*（《中國現代文學》），有意訪問王老師，王老師告知已有現成的中文訪談，由我迻譯約十分之一，以 "Wang Wen-hsing on Wang Wen-hsing" 為題，刊登於 9 月的創刊號。中文稿〈王文興談王文興〉則於 1987 年 6 月號《聯合文學》一次刊完，整整三十頁，為截至那時有關王老師篇幅最長、內容最仔細的訪談。當時我已取得博士學位，中央研究院辦理留職停薪，在高雄鳳山中正國防幹部預備學校服預官役，以步兵少尉排長擔任隊職官，遠離親愛的家人與熟悉的學術圈，「悲欣交集」與「恍若隔世」是我看到白紙黑字訪談錄的複雜心理寫照。

若說翻譯《巴黎評論》是教學觀摩、紙上談兵，那麼與王老師訪談則是實際操練、攻守兼備：訪者根據作品與參考資料提出一個個具體問題，甚至追問、盤問；答者坦然應對，有問必答，毫不迴避。經過這次洗禮，我從訪談的閱讀者、愛好者、翻譯者，晉升為執行者，而王老師也順理成章成了我的訪談啟蒙師。

再接再厲

首次訪談的成功經驗讓我深受鼓舞，覺得其中自有妙趣，並樂於與人分享。因此從 1983 年至今，配合個人的閱讀興趣與研究需求，

我陸陸續續跟中外作家、學者進行了上百次深度訪談，與我的論述、翻譯鼎足而三，相輔相成，形成個人的學術特色。由於比較文學的訓練及對臺灣文學的關心，這些年來訪談次數最多的就是王老師。

第一次訪談時，長篇小說《背海的人》上冊問世不久，我自然會關切進行中的下冊。以王老師「錘鍊」文字的工夫，每天三、五十字，完工之日好似遙遙無期。然而皇天不負苦心人，在他的恆心、毅力與「勞動」下，眾人翹首盼望的下冊終於在世紀末的 1999 年殺青，成為文壇盛事，正逢王老師六十歲。我在誠品《好讀》月報劉虹風編輯邀約下，徵得老師同意，於 2000 年進行第二次訪談，〈偶開天眼覷紅塵——再訪王文興〉全文刊登於 5 月號《中外文學》，距離第一次進行訪談竟已十七年之久。相較之下兩次的方式頗為不同：第一次務求翔實，準備了超過兩百個問題，依次詢問；第二次則準備了十三個問題，現場隨機應變，順藤摸瓜，定稿竟有四十六回合問答。

之後，王老師繼續埋首創作，我也繼續自己的研究，如此「相安無事」又十年。2009 年王老師獲得第十三屆國家文藝獎，11 月 4 日在《家變六講》新書發表會暨國家文藝獎獲獎祝賀會中，我應邀發言，分享自己多年來親炙的感觸。12 月 27 日接到老師傳真，表示「不只當天，聽過所有座談以來，還是你這句『自家現身自說法，欲將金針度與人』講得最好」，讓我深感驚喜。

王老師是虔誠的天主教徒，我則於 1988 年退伍後立即在聖嚴法師座下皈依佛教，因此可說我們以文學為志業，以宗教為終極關懷，成為安身立命的礎石。一般說來，知識分子對宗教或終極關懷比較有定見、甚至偏見，而臺灣的文學界關於跨宗教（interfaith）的深入對談並不多見。我便趁此機緣，再度邀請王老師，兩方約定半個月後會面，從天主教與佛教的角度對談，〈文學與宗教：單德

興專訪王文興〉刊登於 2011 年 2 月號《印刻文學生活誌》。

　　事有湊巧，目宿媒體「他們在島嶼寫作‧文學大師系列電影」開拍，王老師名列第一批拍攝的六位作家，並向林靖傑導演推薦我與他對談宗教，相約於 4 月見面，距離上次訪談僅三個月。有別於先前三次對談，這次是在多位工作人員面前進行，不時有好奇的路人圍觀，不過準備工夫和進行過程並無不同。兩人就坐在臺大總圖書館一側小徑的長木桌旁，在幾隻攝影機與麥克風前交談，最後林導演也忍不住加入，提了幾個問題，全程兩小時，拍攝時我如同以往般錄音。由於對談的影像未納入紀錄片，王老師覺得可惜，希望對談內容「將來可轉為文字稿」，與我的想法不謀而合，於是依照前例整理謄稿，請老師過目。〈宗教與文學：王文興訪談錄〉2011年 9 月刊登於我當時擔任編輯委員的《思想》，為該刊難得一見的文學訪談，與前次訪談問世只相隔七個月，主題雖然都是有關文學與宗教，內容卻全然不同，足見相關議題之廣闊，值得多方探索。

　　2013 年 12 月，臺大出版中心發行「慢讀王文興」叢書七冊，為王文興研究集大成之作，為表慎重，規劃系列活動。我應邀參加2014 年 1 月 18 日在紀州庵舉行的「慢讀王文興：小說背後的作者世界」座談會，與王老師及叢書主編柯慶明教授對談，接受滿座的聽眾提問。紀州庵為王老師故居，柯教授出身臺大中文系，為王老師學成返國後最早的學生，我們兩人分別從外文系與中文系的角度與王老師進行三人鼎談，並有七位觀眾提問或發表感想，可見現場氣氛之熱烈。在如此獨特的場合，我照例錄音，整理謄稿，請兩位與談人過目後，〈慢讀王文興：小說背後的作者世界〉刊登於 7 月號《文訊》。

　　上述五篇訪談，從開始進行到最後刊登，前後超過三十年，既見證了一位小說家的創作歷程與生命發展，也記錄了訪談者從初

學乍練到駕輕就熟的過程。前兩篇收入我第一本訪談集《對話與交流：當代中外作家、批評家訪談錄》（麥田，2001）（首篇易名為〈錘鍊文字的人：王文興訪談錄〉），後三篇收入第三本訪談集《卻顧所來徑：當代名家訪談錄》（允晨文化，2014）。黃恕寧教授主編的「慢讀王文興」叢書第五冊《偶開天眼覷紅塵──王文興傳記訪談集》（臺大出版中心，2013），曾摘錄第一、二、四篇訪談逾一百二十頁，幾近該書四分之一，連書名都來自第二篇的標題，足證這些訪談的代表性。

本書因緣

2020 年我應中山大學人文研究中心張錦忠主任之邀，撰寫《訪談的技藝》，分享多年經驗，反思此文類的特色與功能，訪談的基本形式、過程與要點，訪談者的角色，受訪者與訪談者之間的關係，也提到與王老師的訪談因緣。此書出版後，我於 9 月 18 日連同第四本訪談集《擺渡人語：當代十一家訪談錄》（書林，2020）寄上請王老師指教，9 月 25 日獲得老師傳真鼓勵：「你多年從事訪談研究，必能令此道獲得廣大迴響。」我想到這五篇針對單一作家前後三十年的對話錄，若能如美國密西西比大學出版社（University Press of Mississippi）的文學對話系列（Literary Conversations Series）般結集出版，當可方便讀者及研究者閱讀查考，隨即於次日請示老師可否將五篇訪談匯為一冊，並增加一篇有關訪談的訪談──針對訪談這個「文類」，以及這五篇訪談的任何感想、反思或補充。三星期後老師回音：「你的提議，原則上我同意。但時間不急，先等疫情漸息後，我們再擇定時地見面。」

為了能更充分呈現王老師，我聯繫文訊雜誌社封德屏社長，說

明訪談集計畫，表示以其文藝資料研究及服務中心多年蒐集的臺灣現當代文學的文字與圖像資料，加上先前策劃百冊《臺灣現當代作家研究資料彙編》的經驗，包括該系列第四十八冊王文興卷（國立臺灣文學館，2013），必能駕輕就熟，圖文並茂，使此計畫更臻完善，實為不二之選。我也聯繫先前兩家出版社，徵得他們同意。所有前置作業於 2020 年 10 月完成。

　　然而計畫趕不上變化。原本以為新冠疫情緩和便可進行訪談，誰知 2021 年 5 月疫情驟升，全國提高警戒標準，與王老師訪談之事就此懸宕。8 月間疫情緩解，《文訊》來電關切進度。由於大疫未止，我就提供幾個方案請老師裁奪。理想情況是謹慎做好防護措施，在紀州庵當面訪談，全程錄音，也可為老師在故居拍照。其次是兩人電話訪談錄音，或由老師根據題綱錄音。另一種方式就是書面訪談。此外，也歡迎老師指定其他可行之道。總之，讓老師以最心安、方便的方式來進行。王老師決定採用書面訪談，並表示：「文後可聲明一下，非常時期，只能如此，諒讀者皆會瞭解。」我花了兩星期，根據近年資料並配合前五次訪談，整理出幾頁題綱。老師擇要回答，分幾次傳真，並幾度增訂，是為第六篇訪談。因係書面訪談，篇幅簡短，但也提供了一些前所未見的訊息。2022 年初，訪談集積極編排中，王老師於 2 月底傳真，表示若疫情和緩，「或可談談我一生最感謝的老師」，並列出自小學、初中、高中、大學與校外受益的老師，包括「亦師亦友的余光中老師」。我立即回音，只要老師認為時機適當，請隨時示知。

特色分享

　　由上述可知，本書前後歷經數十年，並可歸納出如下幾項特色：

一、作家現身說法，金針度人

　　王老師惜墨如金，多年來如苦行僧般堅持每日創作數十字，經年累月，終能集腋成裘。退休後以「文學教授」身分，接受演講邀約，繼續傳授多年的閱讀、創作與教學心得。他的文學理念獨樹一幟，創作習慣絕無僅有，特別強調慢讀、精讀的重要，提醒讀者務必深入體會文學作品中字與字、句與句之間的關係，以及作家用心所在。這些獨特的見解出現於他的序言與評論文字，也見於演講與訪談中。本書匯集他自 1983 至 2021 年的六篇訪談，全經受訪者親自校訂，連同書信體的〈代序〉，讀者一卷在手，不僅可掌握當代名家的多年閱讀心得、創作經驗、藝術理念與文學體悟，也能了解身為天主教徒的他，如何看待宗教經典與終極關懷，省思文學與宗教的關係，並進行跨宗教的對話，至於幾次訪談中透露的寫作計畫，以及多年後終告完成的作品，更示範了寶貴的身教。

二、訪者殫精竭慮，全力再現

　　訪者為王老師門生，當年在課堂上親身體會「王家教學法」，多年鑽研英美文學、比較文學、翻譯研究、文化研究，除了勤於論述與翻譯，並從事訪談。早年翻譯以作家訪談聞名的《巴黎評論》，出版的《英美名作家訪談錄》普受華文讀者與作家喜愛。進而將翻譯過程中學得的態度與技巧，運用於國內外作家、學者、批評家的深度訪談，先後出版四本訪談集：《對話與交流》、《與智者為伍》（允晨文化，2009）、《卻顧所來徑》、《擺渡人語》，在我國的外文學界中絕無僅有。此外，訪者應邀撰寫《訪談的技藝》，公開有關此一文類的心得與反思，旨在發揮讀書、知人、曉事、論世的效應，出版後廣受矚目。本書為訪者多年針對單一作家的訪談合集，

除了悉心準備與坦誠互動的圖文紀錄，每篇並有前言說明緣起，逐篇讀來，不只對作家王文興的創作發展與文學理念有一整體認識，也可了解天主教徒王文興的宗教理念與跨宗教思維。此次趁出書之便，進一步統一格式，補充若干資料、按語和腳註，並根據張錯教授的《西洋文學術語手冊：文學詮釋舉隅》（書林，2011）修訂相關術語，務使內容更充實明確。

三、編者發揮專長，圖文互參

文訊雜誌社在封德屏社長帶領下，多年來致力於臺灣文學資料的蒐集、整理與保存，將士用命，成果卓著，對作家的關懷敬重有目共睹，王老師對她「靜默謙遜的成就」讚譽有加。封社長總策劃的《臺灣現當代作家研究資料彙編》計畫中，便納入易鵬教授編選的王文興卷，包括多方蒐集的文字與圖片資料，為「慢讀王文興」叢書之外另一本「王學」的重要參考指標。本書特別借重「文訊」豐富的檔案資料與編輯經驗，在封社長統籌與吳穎萍主任協助下，由具有多年編輯經驗的杜秀卿小姐擔任責任編輯，根據文訊雜誌社文藝資料研究及服務中心的檔案資料，提供第一、二篇訪談的照片並增加小標，也為其他篇補充照片，兩篇附錄為截至目前為止有關受訪者生平及寫作年表與著作目錄的最詳盡資料，結果則是一本內容豐富、圖文互參的訪談集，方便華文世界的讀者、作家、學者，透過訪談雙方的一問一答，共享經驗、心得與智慧。

四、全書形式多樣，內容獨特

全書為作家╱老師王文興與學者╱學生單德興師徒二人橫跨近四十年的對話，順應場合不拘一格，記錄下一期一會的因緣，主要為兩人對談，也有三人鼎談。由於疫情之故，原規劃的總結式對

談不得已以書面進行，以致篇幅簡短，也為「訪談在瘟疫蔓延時」留下明顯的印記。全書有對談、鼎談，當面、書面，形式之多樣不下於我翻譯的《權力、政治與文化：薩依德訪談集》（麥田，2005），而且文字都請與談人確認。以時間之持久與內容之深入，並主要由單一訪者進行，較諸密西西比大學出版社近兩百冊的文學對話系列不僅不遜色，甚至有獨特之處。即使與我師法的《巴黎評論》作家訪談錄相較，儘管該刊訪者經驗豐富，但似未見對話雙方有師生關係且多年連續深度訪談之例。在臺灣則是歷史學門重視訪談與口述歷史，文學創作雖名家輩出，文字與影像紀錄也不少，但甚少專注於單一作家的訪談集，由單一學者針對單一作家橫跨數十年的訪談更如鳳毛麟角。

五，文藝理念，文學史料

王老師就讀臺大外文系時與白先勇、歐陽子、陳若曦、李歐梵、劉紹銘等人創辦《現代文學》，積極從事文學創作並引介外國文學，為該刊核心人物。前往美國愛荷華大學（University of Iowa）國際作家工作坊（Writers' Workshop）取得藝術碩士學位後，1965 年返回母系任教長達四十年。王老師以小說創作聞名，也著有評論、劇作、手記等，為華文世界現代主義代表作家，並透過不同語文譯本傳播。《家變》於 1999 年獲香港《亞洲周刊》遴選為「二十世紀中文小說一百強」，也獲《聯合報》評選為當代臺灣三十部經典之作。由於文學上的卓越貢獻，2007 年獲頒臺灣大學名譽文學博士學位，2009 年獲頒第十三屆國家文藝獎，2011 年獲頒法國藝術暨文學騎士勳章，同年獲頒第六屆花踪世界華文文學獎。在跨越數十載的訪談中，訪談者從不同角度與時間點探問，受訪者就個人的文藝理念、創作過程、終極關懷等侃侃而談。正如今日新聞便是明日歷史，

本訪談集為當代臺灣文學與華文文學記錄下第一手的文學史料，為「王學」增添新作。

結語

　　校讀全書時，我有如進入時光隧道：隧道一頭是與《背海的人》下冊纏鬥中的四十四歲王老師，和正在攻讀博士學位二十八歲的我；另一頭是完成長篇小說《剪翼史》之後，繼續撰寫「星雨樓續抄」專欄年逾八旬的王老師，和棲身學界多年、已近從心所欲之年的我。四十年歲月彷彿眨眼間飛逝，未逝的是對文學的堅持和對生命的探索。

　　王老師在文學史上的地位殆無疑義，我則多年持續耕耘訪談這塊園地。本書為數十年來一路研讀作家王文興的心得與對話，提供深入觀察與多方探詢，受訪者也大叩大鳴，坦誠分享文學理念、創作經驗與人生智慧。王老師的〈代序〉簡要說明對訪談此一文類的看法，本文則不憚其煩說明師生之緣，以及本書緣起與特色。凡此種種，王老師會視為天主的安排，我則視為師徒二人今生的殊勝因緣。是為序。

臺北南港

2022 年 3 月 16 日

致謝

　　本書得以出版，最要感謝王老師多次撥冗接受訪談，仔細確認文稿，並賜序。其次是促成訪談的助緣，包括前誠品《好讀》月報劉虹風編輯，「他們在島嶼寫作」紀錄片《尋找背海的人》林靖傑導演，「慢讀王文興」叢書主編暨前臺大出版中心主任柯慶明教授。各訪談緣起詳見該篇前言。五篇訪談分別刊登於《聯合文學》、《中外文學》、《印刻文學生活誌》、《思想》、《文訊》，謹向各主編致謝。前兩篇與後三篇分別收入《對話與交流》與《卻顧所來徑》，感謝麥田林怡君主編與允晨文化廖志峰發行人首肯納入本書。此書由文訊雜誌社出版，承蒙封德屏社長大力支持，吳穎萍主任居中聯繫與行政協助，責任編輯杜秀卿小姐悉心編排校對，並整理作者生平、寫作年表與著作目錄；多年同學、好友與同事李有成教授從第一篇開始就關注我與王老師的訪談，直到本書出版；昔日謄稿者、編輯者，數十年相伴的余麗娜女士不時的協助與提點；臺北市政府文化局的出版補助使本書能以更理想的面貌問世，謹此一併致謝。

參考資料

單篇訪談（依出版順序）

單德興。〈王文興談王文興〉。《聯合文學》第 32 期（1987 年 6 月）：
166-195。

單德興。〈偶開天眼覷紅塵──再訪王文興〉。《中外文學》第 28
卷第 12 期（2000 年 5 月）：182-199。

單德興。〈文學與宗教：單德興專訪王文興〉。《印刻文學生活誌》
第 90 期（2011 年 2 月）：120-143。

單德興。〈宗教與文學：王文興訪談錄〉。《思想》第 19 期（2011
年 9 月）：203-231（與林靖傑合訪）。

單德興。〈慢讀王文興：小說背後的作者世界〉。《文訊》第 345
期（2014 年 7 月）：25-39。

其他（依類別與出版順序）

單德興。《對話與交流：當代中外作家、批評家訪談錄》。臺北：
麥田出版公司，2001。

──。《與智者為伍：亞美文學與文化名家訪談錄》。臺北：允晨
文化實業股份有限公司，2009。

──。《卻顧所來徑：當代名家訪談錄》。臺北：允晨文化實業股
份有限公司，2014。

──。《擺渡人語：當代十一家訪談錄》。臺北：書林出版有限公司，
2020。

──。《訪談的技藝》。高雄：中山大學人文研究中心，2020。

單德興譯。《英美名作家訪談錄》（*Writers at Work*）。臺北：書林

出版有限公司，1986。

——譯。《禪的智慧：與聖嚴法師心靈對話》（*Zen Wisdom: Conversations on Buddhism*）。聖嚴法師原作。臺北：法鼓文化實業股份有限公司，2003。

——譯。《權力、政治與文化：薩依德訪談集》（*Power, Politics, and Culture: Interviews with Edward W. Said*）。Gauri Viswanathan 編。臺北：麥田出版公司，2005。

Shan, Te-hsing. "The Stream-of-Consciousness Technique in Wang Wen-hsing's Fiction." *Tamkang Review* 15.1-4 (Autumn 1984-Summer 1985): 523-45. Also included in *Reading Wang Wenxing: Critical Essays*. Ed. Shu-ning Sciban and Ihor Pidhainy. Ithaca, NY: East Asia Program, Cornell University, 2015. 186-209.

——. "Wang Wen-hsing on Wang Wen-hsing." *Modern Chinese Literature* 1.1 (September 1984): 57-65. Also included in *Reading Wang Wenxing: Critical Essays*. Ed. Shu-ning Sciban and Ihor Pidhainy. Ithaca, NY: East Asia Program, Cornell University, 2015. 269-282.

——. "Tentative Outline of *Backed Against the Sea*, Vol. 1." *Reading Wang Wenxing: Critical Essays*. Ed. Shu-ning Sciban and Ihor Pidhainy. Ithaca, NY: East Asia Program, Cornell University, 2015. 298-301.

易鵬編。《臺灣現當代作家研究資料彙編 48　王文興》。臺南：國立臺灣文學館，2013。

黃恕寧、康來新、洪珊慧編。《慢讀王文興》。七冊。臺北：臺灣大學出版中心，2013。

張錯。《西洋文學術語手冊：文學詮釋舉隅》。臺北：書林出版有限公司，2011。

| 目次 |

錘鍊文字的人

時間：1983 年 6 月 19 日、9 月 4 日
地點：臺灣大學文學院、
　　　舟山路臺大教職員宿舍

前言

　　王文興（1939- ）就讀臺灣大學外文系時，與同學白先勇、陳若曦、歐陽子等人創辦《現代文學》雜誌，發表創作，引介西洋文學，尤其現代主義的作品，影響深遠。他對文學創作之堅持、嚴謹早為眾所周知，著有《十五篇小說》、《家變》、《背海的人》。

　　王先生多年來在臺灣大學外文系講授英美小說，上課方式特殊：先當眾提問，由學生回答，以刺激學生思考，引導欣賞作品的優點，再提出自己的見解。問答之間顯現出對於作品閱讀之仔細、領會之深切，往往在看似尋常的字裡行間，提供出人意表卻又具說服力的詮釋，充分表現對於文字的敏感，以及有關文學與人生的獨到看法。

　　本訪談錄原先是為了我一篇有關《背海的人》的會議論文而做。徵得王先生同意後，我先蒐集資料，擬定問題，由於當時從未做過訪談，而且覺得國內的訪談普遍不夠深入，心目中便以作家訪談錄聞名國際的《巴黎評論》為範本。1983 年 6 月 19 日，我帶著一大疊卡片進入王先生在臺大文學院的研究室，展開一問一答的過程──只不過這次是我問他答。王先生以一向冷靜的口吻、坦誠的態

單德興為訪談王文興，擬定問題所準備的卡片超過兩百張。（單德興提供）

度回答我的問題，窗外時而傳入籃球場上的喧鬧聲。這次訪談比以往的訪談深入，但雙方意猶未盡，而我也不願將訪談局限於個人的論文所需，於是 9 月 4 日二度走訪，地點是王先生的舟山路臺大教職員宿舍，因此他可以方便地出示為了寫《背海的人》準備的卡片，以及寫作過程中「錘鍊」的痕跡。

　　兩次訪問錄音整理出來後，送請王先生本人逐字逐句修訂。前後兩次訪問互補之處固然很多，重複之處也在所難免，因此在余麗娜小姐協助下，將王先生修訂後的兩篇訪稿彙整成一篇，重新組合，去其重複，共得三萬餘字，再請王先生過目，是目前為止有關小說家王文興最詳盡、且經他本人悉心訂正的訪談錄。

創作之初與受影響的作家

　　單德興（以下簡稱**單**）：身為作家有什麼感想？

　　王文興（以下簡稱**王**）：首先我覺得自己非常不重要。為什麼呢？因為跟別的作家比起來，只寫我這樣一點點書的人，在世界上何止成千上萬。所以我認為我只是一個普普通通的人。這個人的嗜好是寫一點點小說——這才是我的身分。我從來不覺得我，職業上或事業上，是一個作家。

　　單：你是在什麼時候有心當作家的？

　　王：好吧！就算是作家吧。這很早了。這在我初中的時候已經想到，先當然是羨慕別人寫得好，自己也就隨著想跟上去。

　　單：現在你是作家，跟從前想像的有沒有什麼差別？

　　王：很大的差別。主要在作品的量上。從前我以為三年可以寫好一本書，未料自己的速度這樣慢——這是最大的差別。

　　單：什麼時候真正開始文藝創作？

王：真正開始要算進入大學以後了。念大學好像是業餘的，因為我不大喜歡大學教育。大學只是我暫時棲身的地方，只是我自修時候的棲身之地，我一向的興趣都在寫作上。

單：第一次發表詩或小說時，年紀多大？

王：大概是在高二時，算是提出一篇小說來，但好像並沒有發表。我正正式式寫完一篇小說大概是在高二時。

王文興高中時開始創作小說。
（國立臺灣大學圖書館提供）

單：那寫詩呢？

王：也在那段時候。

單：那時的閱讀經驗如何？

王：我在高中時遇到一位很好的英文老師；他收藏的英文書很豐富，我經常向他借書，所以我開始看英文作品的時間比較早。那時我看莫泊桑（Guy de Maupassant, 1850-1893）、契訶夫（Anton Pavlovich Chekhov, 1860-1904），還有曼斯菲爾德（Katherine Mansfield, 1888-1923），我也看了英文的《紅與黑》（*The Red and the Black*）；當然沒有辦法全部看懂，只是馬馬虎虎的看。

單：你的第一篇小說用的是什麼手法？

王：第一篇〈守夜〉。我寫一個公務員晚上寫稿，補貼家用，從晚上一直等到天亮，一個字都沒寫出來。我寫他心裡想的；寫他趴在桌上睡著了，做夢，可說沒有故事；寫他一夜之間的感覺，內心的活動。

單：是不是用上意識流的技巧？

王：我寫的是心理的活動，算不算意識流我不清楚。很顯然，我並未刻意採用意識流。假如接近意識流的話，也只算模仿了十九世紀的新方法（當然，今天也算舊方法了）。顯然我受到最多影響的是契訶夫——這篇故事很像契訶夫。我想起來了。這篇小說受契訶夫的影響。

單：你開始創作時，有沒有刻意模仿哪一位作家？

王：我一直都在模仿。像剛才說的契訶夫。我也模仿過莫泊桑、海明威（Ernest Hemingway, 1899-1961）、康拉德（Joseph Conrad, 1857-1924）。到今天我還脫離不了模仿，今天也許不是有意的模仿，不過總是會有從前作家的影響，自己也能找出來，看出來。

單：進臺大外文系之後，在閱讀和創作方面有沒有較大的轉變？

王：後來我進臺大外文系，系圖書館的書當然更好，更多了。閱讀方面，我開始閱讀長篇。我讀臺大，課沒怎麼上，上的話也未見多少收穫。我自己有我個人的念書計畫，我按部就班，照我自己開的書單，念了四年自己決心要念的書。

單：書單上的書比較偏向西洋文學？

王：全部都是歐美小說。

單：那時喜歡的作家有哪些？

王：我花了很多時間閱讀杜斯妥也夫斯基（Feodor Mikhailovich Dostoevsky, 1821-1881）、托爾斯泰（Lev Nikolayevich Tolstoy, 1828-1910）、卡夫卡（Franz Kafka, 1883-1924）、卡繆（Albert Camus, 1913-1960）、湯瑪斯·曼（Thomas Mann, 1875-1955）、海明威。

單：你說過，剛開始創作時，對你影響較大的是契訶夫和莫泊桑。

王：是的，起初影響我最深的應該是短篇小說家。

單：能不能精確地談談你受益於契訶夫和莫泊桑的地方？

王：我想從莫泊桑得來的收穫比較容易分析。莫泊桑教給我對周圍人的、事的，和自然風景的觀察；他也教人怎麼樣安排一個故事。契訶夫的影響比較籠統，往往是一種氣氛，一種詩意；當然契訶夫對於人心的分析也給我很大的啟發。

單：你覺得自己比較接近哪一位？

王：我分不出來，到現在，我好像兩個傾向都有。怎麼知道這兩個傾向都有？這還是從我對他們的喜歡來判斷，目前我對他們仍然一樣的喜歡。

單：你對俄國小說家也相當熟，尤其是托爾斯泰和杜斯妥也夫斯基。他們吸引你的地方主要是哪裡？

王：托爾斯泰吸引我的地方和莫泊桑差不多。杜斯妥也夫斯基之吸引我，則更偏重於心理刻畫，他的心理刻畫又和莫泊桑的不同，

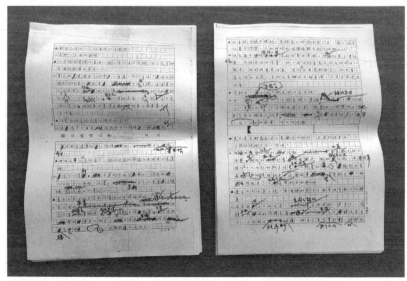

王文興修訂訪談的手稿，前後各四十四頁與三十五頁。（單德興提供）

他挖掘得更深，更有意義。

單：你對海明威的喜歡呢？

王：我對海明威的喜歡比較晚，要到我上大學的時候才開始。那實在是個重大的發現，不只因為他的風格，重要的是他的技巧，他是唯一能夠把短篇當作散文詩來寫的小說家。這個優點一直都吸引我，怎麼樣叫小說到達高度精緻的水準，怎麼樣到達高度精緻的境界。

單：你喜歡湯瑪斯‧曼和貝克特（Samuel Beckett, 1906-1989）的時間來得更晚？

王：湯瑪斯‧曼大概在大四的時候。貝克特晚到畢業以後，直到我教書的時候才看的。

單：在不同的年紀喜歡不同的作家，這是因為心智的成長，還是有其他的原因？

王：和個人的成長是有關係。比如海明威，我很早就讀了，但是大一的時候你不會喜歡海明威；貝克特也一樣，早讀的話也不了解。還有卡繆，入學時《異鄉人》（*The Stranger*）我不曉得看了多少遍，可是都沒有看懂，直到二十年後（1982 年）我又重新細讀了一遍，才第一次的有了了解。我讀了五遍才了解這本書說的什麼。從前可以說全盤的誤解，每個句子字面的意思都懂，但是都看不出每句的優點何在。一切的書都一樣，只要讀得懂，每句的優點一定都領會得出來。任何書要是得不到這種收穫，就是還沒有真正的讀懂。

寫作與錘鍊文字之道

單：你剛開始寫作時，有沒有受到鼓勵和指正？

王文興與高中老師金承藝（右），攝於王文興寓所。（國立臺灣大學圖書館提供）

王：不少。多數是我中學的老師。雖然他們並不曾替我逐句的修改，可是籠統的批評予我的幫助也很大。上大學時，夏濟安先生也給過我這類的指導。〈一個公務員的結婚〉我就是先送請夏先生指教的。我自己並不喜歡這一篇，可是夏先生認為不錯，我自己也莫名其妙。當初常有這樣的事，許多自己並不認為滿意的，別人卻認為好；自己尚滿意的，別人又認為不好。〈一個公務員的結婚〉就是這樣。

單：現在回頭看，你認為當初自己的判斷正確，還是別人的判斷正確？

王：現在有一個困難，我一直找不到從前的小說，沒重讀過，只剩模模糊糊的印象，所以不足為憑。再者，另外一種現象也常常發生，同一篇小說給不同的人看，常得到不同的批評。我記得有一

篇（從沒發表過），我自己覺得不錯，請何欣先生看過，何先生也
覺得還好，請夏濟安先生看，夏先生就覺得不好。有這樣的差別。
這篇我也就扔掉了，當然再也找不到。說不定哪天我再寫一遍。

單：你寫作大致上是愉快的多，還是痛苦的多？

王：從前非常的痛苦。一來，寫的時候沒有節制，非常疲勞；
二來，對自己寫下的結果很不滿意，總覺得和自己想要表達的距離
太遠，這種 frustration（挫折感），非常的痛苦。直到我寫〈欠缺〉，
才開始找到理想的工作方式，可以嚴格的遵守時間，不致太疲勞，
並且衡量得出達到了自己的目標沒有；所以從〈欠缺〉以後，我就
不那麼苦惱了。從〈欠缺〉以後，我也不再於發表以前，先把我的
小說送請別人過目，因為我已經看得出自己的好壞強弱，我不再認
為別人的判斷是重要的了。我知道我每一篇都盡了最大努力，做不
到的，非我能力所及，我也沒有辦法。從〈欠缺〉以來，情形一直
都是這樣。

單：這種改變對你寫作造成什麼效果？

王：這種方式顯著的不同，是使我能夠確定我沒有浪費時間，
就是說，使我能夠確定我的路線是正確的。當然這也都是主觀的認
定，一定也還有客觀的標準，說不定客觀的標準會認為我是錯的，
但我至少已經滿足我主觀的要求。

單：那時候培養出來的習慣一直維持到現在嗎？

王：沒有改變，完全沒有改變。我覺得事情好像才過沒好久，
好像就是前兩三年的事。想不到一轉眼已經二十幾年。我也沒想到
這習慣維持了二十多年，〈欠缺〉是 1963 年寫的。

單：寫作時有沒有什麼特殊的習慣？

王：我有些特殊的習慣。我要安靜、四周圍最好沒有人，有
人不說話也不行。但是我倒不在乎外面的狗叫。還有，我要浪費很

多的草稿紙，我一天寫兩個多小時，我要用掉學校裡多餘的講義紙
——

單：背面？

王：背面，其實是背面、正面都寫，我要用掉二三十張。我並
不在草稿紙上寫字，我在草稿紙上塗線條，這個方法也比較特別，
純粹是我個人的方法。我的線條是用鉛筆揮打出來的，為什麼是線
條？因為我來不及寫字，打出線條後，我再急忙把字轉譯出來。大
概打下一條線條，可以得兩三字。不過這兩三字往往都不是我要的
字，所以才要那樣多的稿紙。我的紙常常打得稀爛，像一張破布一
樣。

單：這種創作過程是不是很辛苦？

王：是很辛苦，這完全是——已經不是腦力，是體力的工作了。
我只有在進行第一份草稿時，才動了腦筋，那是真正的創作，我把
第一份草稿改成定稿的文字時，這已經不是用腦筋的時候，是耗用
的體力。好像打鐵一樣，字是打出來的，我確實是用鉛筆敲出來的
——所以我工作兩三個小時後，一定要休息一小時，否則恢復不過
來。

單：用鉛筆敲的習慣是從什麼時候開始的？

王：是從《家變》寫一半以後開始的。《家變》開始的時候我
用的是紙條。我把紙裁成短短細長的紙條，約一句用一張紙條，後
來，發現紙條上的字愈寫愈小，小到沒辦法認出來，就演變到改用
敲打的，也從原子筆改成鉛筆，用鉛筆敲，不容易敲壞，而小字條
不便於敲打，就換成了整張紙。

單：將來要是回過頭來寫中篇或短篇，還是用這種方法？

王：我寫小說的話，大概就用這個辦法了。目前我寫散文就不
用這方法，這方法太費事了。我寫報刊上的散文——我說錯了，也

是這一種，不過要求不這樣嚴格，不費這麼多紙。我寫散文的時候，我就在紙上寫每天定量的那些字，當然字數多得多，大約兩三百之間。遇到困難的時候，遇到寫不來的句子的時候，那我就又恢復到敲打的老辦法了。打打總可以打得出來，所以打的方法，是用來對付難關，應付一些難題。散文不如小說嚴格，因為散文是應急之作，別人催稿催得急了，我趕時限應付應付，我曾經一天一千字也寫過。

單：你寫小說通常有哪些步驟？

王：初稿以後是吧？剛才說的第一份草稿以後？

單：剛剛講的是過程，那麼在過程開始之前呢？

王：動筆之前我沒有什麼重要步驟，就是準備一些我要的東西，準備鉛筆啦，鉛筆刀啦。鉛筆很重要，我要削很多鉛筆。還要有一支黑墨水筆，準備把想出來，「打」出來的字謄到白紙上。這一點我要求得很嚴格。我希望謄上去乾乾淨淨，不希望看到髒髒亂亂的。我的講義上盡可以髒亂不堪，但是我定稿的稿紙上一定要乾乾淨淨。好像寫得乾淨，我就可以放心了，不會再患得患失，牽腸掛肚了。

單：是不是用黑筆寫好的稿子就是將來送到出版社的？

王：我還要再謄到方格子的稿紙上去。

單：謄的過程一字不改？

王：一字不改。我用黑筆寫下來的那些就算定稿，不再修改。有時候我事後發現有錯，我也就讓它留著，非改不可的錯，當然要改，但是我看改的地方就跟錯的也沒兩樣，說不定更刺眼。就像刺繡一樣，好像繡一幅很大的壁氈，當中發現錯了一針，恐怕你要補救也不可能了，除非拆了從錯的地方重新來過。我相信寫錯的地方，改得再小心，都會露出破綻來。

單：改動的話是不是對前後的影響很大？

王：我覺得對內容的影響是好的影響，文字的影響只有壞處。文字應該是一氣呵成的，像書法一樣，會寫字的人常說，字若寫壞了，不要再描它，再描也改不好的。我也是這個意思，改一個字，別想改得好，除非這字以後的都劃掉，重來。

單：也就是說，你動筆之前，不只是有大綱，而且每一步都算得很準確了。

王：我可以給你看一下。〔取來〕我的 first draft（初稿）。哪，這是我最近寫的，昨天寫到這裡，所有我寫過的我都劃掉了，明天要從這裡開始寫。每天我要寫幾句話都先勾出來；這份稿子呢，我現在寫得不遠，所以，起碼還要寫一年，因為後面都還沒寫，後面都是底稿；要我把這些底稿寫成定稿時間還早得很，因為每天只有幾十個字。這就是定稿，這裡破了。每天寫幾十個字時，不小心波及到，「敲」破了，用敲的，每天的幾十個字用「敲」的方法寫出來，所以出現這樣的線條——所以很快的一張紙就會沒用了，正面、反面都是這種敲出來的線條。

單：這種敲出來的紙有沒有留下？

王：這種我都不留，這種我寫完一張就撕碎一張。為什麼呢？因為我覺得留了對自己是個負擔。我希望寫過的都忘掉，這樣才能專心在還沒做的工作上。定稿倒是留下來了，《家變》和《背海的人》都全，都留下來了。

單：將來別人研究的話，這個初稿相當重要。

王：這也滿有趣，是吧，但是寫到這裡，已經不曉得花了多少張紙。因為，寫這樣一行，大概要敲掉二十張紙，這樣大小的紙，這一行還只是初稿，要換到這裡的正稿的話，一行大概又要再花二三十張這樣的紙。總之，真正初稿還不是這些。真正的初稿我沒留，都是像這條偶爾波及的筆痕一樣，只是一條條的 marks（痕

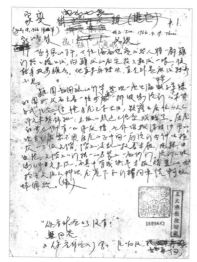

王文興《家變》手稿。（國立臺灣大學圖書館提供）

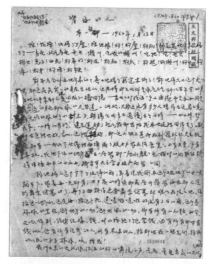

王文興《背海的人》（上）手稿。（國立臺灣大學圖書館提供）

跡）而已。

　　單：確實如你所說的，就像打鐵一樣。

　　王：是。我覺得，真的，寫作是體力的工作，有點像運動了，不大像寫作。

　　單：以《背海的人》為例，整個過程先是大綱，然後是卡片，接著就是「敲打」？

　　王：卡片在大綱之前。哦，你說的也對，起先也有大綱，一個非常簡陋的大綱，然後蒐集資料，謄寫卡片。卡片是從我過去的日記本裡挑選出來的，另外花時間再來想的也有。那麼，卡片編完號了，才開始寫下另一份比較詳細的大綱，寫這比較詳細的大綱的時候，就把卡片吸收進去。對了！我給你看大綱，大綱就是這樣，上面有號碼，就是吸收進去的卡片的號碼，這幾個號碼是《背海的人》

第一段海港的介紹，寫過就劃掉號碼，一路下來，這幾個號碼是近整處的部分，prostitute（妓女）的部分是這幾個號碼。《背海的人》上冊的大概都在這裡了。

單：你還是每天寫手記、隨筆嗎？

王：手記、隨筆還寫，不是每天，我本來就不是每天寫；有時一天寫很多，有時一個禮拜一個字都沒有。所以不叫日記，叫手記、隨筆。

單：你寫的時候——

王：手記比較快，不過也很難說。我一天可能只寫一條，假如我一天只寫一條的話，則也不過二三十個字，一天也才二三十個字。可是一條又是在兩三分鐘之內寫完的，這樣說來，又比較快了。

單：你怎麼安排日常生活？

王：我在早飯以後開始工作，因為我要選擇一天情況最好的時候工作。我作息的時間跟別人不同。我晚上很晚睡，我用早點時，已經是別人的午餐了。我教書在下午，晚上用來慢跑、看書。

單：晚上的應酬活動多不多？

王：很少，盡量避免。晚上我要用來看書。我看書等於就是寫作，我看得一樣慎重，也一樣的疲倦。看書之前，我要先去睡一下，這樣才有精神看書。看書的時間在晚上十一點左右，看兩個小時，看完要放鬆兩個小時，慢跑，再散步，然後休息。

單：都是在室內做？

王：都在室內，戶外受天氣影響，只好在室內。

單：你提到一小時閱讀一千字，一天不超過兩小時，這有沒有什麼特殊的根據？

王：這當然拿我個人的經驗做根據。我相信這樣的 attentive reading（專注的閱讀）不可能超過兩小時——因為人的持久力有限。

極端的 intensive reading（精讀），除非是超人，要不然做不到一天持續七八小時。我這講的是 regular（規律）的情形，如果一年半載不看書，偶爾看一次，當然可以馬拉松，接連三天三夜，而且也能專心一意的。但是如果持之以恆，regularly 的話，拿人的能力來看，一天兩三個小時恐怕是極限。

單：平常閱讀其他的東西呢？

王：也很慢。我連看報紙都用 lip reading（嘴巴來念）。就是再無聊、再惡劣的文字，我也是一個字一個字讀。我的樂趣就在 judge（判斷）這些文字的好壞，並不在乎內容的好壞。所以，我讀 trash（垃圾），也是這樣的讀。

單：就你看，報紙裡的「垃圾」應該相當多吧？

王：是不少。倒不止是過節應景的話。許多地方新聞都沒寫好，許多恐怕都是自己編的，同一則新聞，幾家報紙的報導不同。但是我都照讀，而且一個字一個字，毫不遺漏的拜讀。

單：《背海的人》我看過兩三遍，還做了一些眉批，算得上仔細了，但還不到每小時只讀一千字的地步。

王：我說的一小時一千字，主要用意在於要人看出句子的關係來。我們如果讀得太快，即使句子的意思都懂，但是句和句間的關係常常忽略。close reading（細讀）的最大好處就是可以 fully understand（完全了解），fully enjoy（完全欣賞）句與句間的關係。一個優秀作家的風格，大概就在句與句間的關係上；為什麼下一句是這樣寫，而不是不同的另一句話，這就是風格。我們甚至可以說一切的藝術都在這裡。文字，在句與句之間；繪畫，在顏色與顏色之間；音樂，在樂句與樂句之間。是的，藝術就是 relationship（關係）。

1960年5月，《現代文學》創刊時編輯委員合影。前排左起：陳若曦、歐陽子、劉紹銘、白先勇、張先緒；後排左起：戴天、方蔚華、林耀福、李歐梵、葉維廉、王文興、陳次雲。（文訊‧文藝資料研究及服務中心）

《現代文學》二三事

單：你們大三時辦《現代文學》的動機是什麼？

王：創辦《現代文學》可以說，純粹是一個創作活動，全因為當時每一個編輯都是為了想寫小說才去參加編輯的活動，並不是為了想辦雜誌然後才去寫小說，因此一旦我們經過了這一段過程，後來有機會自己自由地寫作小說了，我們對雜誌的興趣就降低到零，就再也沒有辦雜誌的興趣了。

單：白先勇、歐陽子在文章中都提到，你是《現代文學》編輯的主要人物，提出很多意見，而且經常被採用。

王：那是因為人手本來就不多，自然意見被採用的機會也就多了。

單：後來《現代文學》出了兩本小說，裡面的小說都是你選的？

王：是的，當時其他的同學都已出國，只有我一個人留在國內，編輯的事也就落在我身上。其實我也沒做多少編輯的工作，只負責收集和校對，就做這兩件事。

單：《現代文學》前十五期，每一期都專門介紹一位作家。當時介紹這些作家有沒有特殊的理由？

王：沒有，每月選出一位作家，並無任何次序，先找到誰的資料，誰的書，就選誰。當時我個人最喜歡卡夫卡，所以建議第一期介紹卡夫卡。

單：第五期的廣告提到下一期要介紹「意識流的巨擘」吳爾芙（Virginia Woolf, 1882-1941），結果刊出的作品好像和原先的廣告有差距。

王：是的，當時的編輯問題很大，許多地方言過其實。例如缺乏系統，介紹一位作家時，我們並沒有專家，每次的介紹都言過其

王文興曾任《現代文學》主編，譯介西方近代文學潮流與作家。

實，不夠踏實，準備工夫不夠。

單：這方面跟夏濟安先生的《文學雜誌》不太一樣。

王：翻譯介紹方面，他們比較誠實的原因是因為不打作家專輯的名號，只零零星星的選擇，這點的確是比我們名副其實。《現代文學》的錯誤是誇張了，名實不曾相副。

單：「錯誤」這個字眼會不會重了些？

王：當時我們都是二十出頭的年輕人，也許可以原諒。

單：為什麼十五期以後又轉變了，不像以前每期介紹一位？

王：十五期的時候是幾年幾月？是不是已經畢業了？

單：是在橫光利一以後。

王：哦，對了，橫光利一的時候好像我們已經畢業了，男同學服役去了，校外的朋友參加了編務，所以方針略有改變。你對一對時間，橫光利一那期如果是 1961 年 9 月的話，大概就是這原因了。（按：橫光利一專輯出現於第十四期，1962 年 6 月，王文興則於前一年大學畢業，入伍服役。）

單：大學這段時期，同學之間的鼓勵以及對你作品的批評，對你有沒有幫助？

王：我看這種互相的交換、意見的交換──有，但是彼此恐怕都不會從這裡得到鼓勵，也不會從這裡得到幫助。這個雜誌的存在純粹的好處就是有一個表達的地方，提供這樣一個表達的地方而已。要說明這件事，就應該回想當初臺灣文壇的情況：三十年前，沒有任何刊物願意刊登我們的作品，一來我們年齡太輕，沒人看重我們；二來像我們這樣的嘗試，別人也不會，不肯理會我們。

曾經嘗試寫詩

單：《現代文學》第三期裡有一首詩，作者的筆名叫樂槃，不知是哪位？

王：我忘了是誰。這首詩的題目是什麼？寫的是什麼？假如你說出詩的內容，我大概記得他是誰。很可能是戴天，戴承義。我也不曉得，也可能是我自己，因為戴天有一次跟我說，他好幾首詩是我寫的，用了他的筆名。這些詩我都忘了，因為當時隨寫隨扔。

單：寫詩有沒有模仿哪些中外詩人？

王：沒有。這正是我感到苦惱的一點。我在詩方面找不到可以追隨的格式，找不到可供模仿的模範，所以沒有辦法寫下去。如果從英詩裡找，我懂得的英詩又不多，也找不到可模仿的對象。

單：你讀小說的收穫比較多？

王：是的，因為學習沒有困難，這是我繼續寫小說的原因。

單：福克納（William Faulkner, 1897-1962）有次接受訪問時說，他是寫詩不成才寫短篇小說，短篇小說寫不成才寫長篇小說。你的看法呢？

王：實際上我原先就只打算寫小說，不過當初興趣很廣，也想試試寫詩，打算一起寫，兩樣都寫。後來有位重要的詩人，對我的詩未置可否，顯然他不認為我的詩有什麼優點，我就把詩停止，不寫了。結果前幾年，瘂弦碰到我，問我為什麼不寫詩，我說我何必寫，我寫得那樣差。他們（當時戴天也在）才告訴我寫得並不差，他們的意思是說當初我聽錯了人的話。假如當初我問的是另一個人，說不定今天我也出了詩集了。

單：你會把這件事歸諸命運嗎？你的小說中有不少提到命運。

王：也許吧，當然也因為我對詩的愛好不夠強，夠強的話，別

人的意見不會有那麼大的影響。我對詩的愛好不夠深，主要因為閱讀上有困難；我絕對相信一個人的創作是從他的閱讀產生的。我能夠讀懂現代小說，可是我讀英詩，無論是近代也好，傳統也好，無不困難重重，這使我從閱讀裡尋求吸收的機會減少許多。偏偏那個時候我對中國文學又沒有信心，這也是錯誤的，我甚而對於中國古典文學都敬而遠之。我對古典文學不加理會，所以我更找不到閱讀的材料了。今天我的看法不一樣，如果我當年只讀中國舊詩詞，一定也可以寫出自己詩歌的創作。年輕的時候我沒有辦法這麼想，也沒有勇氣這麼想，只相信讀什麼類型的作品，才能學會什麼類型，寫出什麼類型。

對命運的看法

單：你對「命運」持什麼看法？

王：我在二十幾歲時，很長一段時間裡，都懷著希臘人的宿命觀，都認為命運大得不得了，而且沒辦法了解，它想怎麼支配你下一步，怎麼支配，你不知道，你的 will（意志）等於不存在，一直是這樣的看法──覺得人實在非常眇小。最近十年來，宗教觀漸漸肯定，已經不會覺得人是如此無助。但《背海的人》並不是我個人哲學的表達，所以還看不出我信仰的改變。

單：二十幾歲時對命運的看法，表現在作品裡的是哪些？

王：比較清楚的是〈海濱聖母節〉、〈命運的跡線〉、〈草原底盛夏〉，甚至於〈最快樂的事〉、〈寒流〉、《龍天樓》⋯⋯哦，還有〈日曆〉，這幾篇較多。

單：〈海濱聖母節〉、〈命運的跡線〉和《背海的人》裡都提到看相，是不是可以談一下？

　　王：這大約就是我剛才說的，我接受了希臘人的宿命論，對
fortune-telling（算命）的興趣無形中和希臘的 oracle（神論）相契合。
只是《背海的人》反而用了反諷的形式，倒轉過來用。

　　單：你對「時間」的看法呢？

　　王：對寫作時間的看法跟一般時間的看法，我觀點不一樣。對
寫作時間，我非常現實，深受西方重視工作的影響，總怕自己努力
不夠，這是純粹現代西方的工作時間看法；對人生的時間，則相當
之悲觀，也像剛才說的希臘人的看法一樣，覺得 eternity（永恆）太
長太遠大，個人則太短，因此人的一生顯得眇小、無力。簡單地說，
也許，基本上，我一直恐懼死亡，從小便如此，一直到⋯⋯現在好
多了，resigned（認命）多了，不再發出那麼強的 biological fear（生
理上的恐懼）。

寫作技巧與手法

　　單：1959 年 2 月《文學雜誌》上的〈一個公務員的結婚〉，是
你二十歲、大二時寫的；1960 年 5 月《現代文學》上的〈母親〉；
1961 年 11 月《現代文學》上的〈大風〉；這兩三篇都用上意識流，
這種手法在你那段創作期有沒有特別意義？

　　王：我這樣說：我不覺得我在寫小說時用上了意識流的技巧，
因為我從來沒有刻意地去學。我一來沒有刻意去學，二來沒有刻意
採用。真正意識流小說要到很晚，離開大學以後才讀到。而且說
實在，喬埃斯（James Joyce, 1882-1941）和吳爾芙，我也沒什麼心
得，如果我也算了解一點意識流的話，倒是從別的作家書裡的少量
意識流段落了解到。至於福克納、喬埃斯、吳爾芙，真正的意識流
作者，我反而沒什麼心得。我當時比較感興趣的是獨白，是 interior

monologue（內在獨白），這也許跟意識流有點不同。我當時有心要模仿，有心要表達內在獨白，對意識流當時所知道的並不多，恐怕我向來沒有明白地模仿過，不曾刻意地模仿過。內在獨白的技巧在十九、二十世紀初任何小說裡都可以找得到的。

單：《現代文學》第二期的編後提到〈母親〉這一篇象徵新生代反叛舊傳統、舊道德。這些話是誰寫的？你同意這種說法嗎？

王：說不定是我寫的。很像是我寫的──是我寫的。可能說得太尖銳了一點，意思大概是：小說的本意原即如此。我們辦這個雜誌，除了文學以外，在社會道德方面大概也有很多話要講、要表達，所以就變成創作的部分是我們表達的 medium（媒介），編輯的編後或者序言就變成我們對社會文化的看法。這一篇編後，對〈母親〉的看法，難免有點偏重社會文化的色彩，也就是誇張了這一部分的功能。我這篇小說原也包含這樣的意識，只是這樣的渲染，未免過度了一點。

單：你在〈母親〉裡用上了 montage（蒙太奇）的手法？

王：這麼說也可以。也可以這麼說。Yea，我比較喜歡在小說裡運用現代的剪接手法，這當然受到電影的影響，或者不然就是受到當時新小說的影響。比方說，那時我喜歡看一些這裡很少聽到的法國作家，像索樂（Philippe Sollers〔1936- 〕，和莎崗〔Françoise Sagan, 1935-2004〕同時），以及較早的哈帝蓋（Raymond Radiguet, 1903-1923）。說不定他們的小說中這類的方法用得很多，受到他們的影響。

單：《家變》的結構──現在與過去的交替出現──也用上了這個手法？

王：這的確，更明確的，接近於cinematic technique（電影技巧）。

單：《背海的人》裡，不少地方講主角思緒的流動突然由過去

回到現在，比方說酒喝完了、被香菸燒到了，或者出去上廁所，這些都是過去與現在交替出現，是不是可以說還是蒙太奇的手法？

　　王：這個在康拉德的 *Lord Jim*（《吉姆爺》）裡早都已用過。剛才我提到過，任何內在獨白的運用，都是司空見慣的方法；你可以肯定蒙太奇是從小說裡學來的，而一切小說的時空交替都來自於 *Lord Jim*。

　　單：你喜好電影，也寫過這方面的文章，你認為電影和小說的關係如何？

　　王：我個人一直覺得電影就是小說，我覺得小說分三種，長篇小說，短篇小說，還有電影。剛才我說過，蒙太奇就是從文學學來的，所有的電影都可以看作文學的翻譯，若說我偶爾寫點影評的話，毋寧說我寫的是 book reviews（書評），我從來不認為這些與文學無關。

　　單：你對由小說名著改編成的電影有什麼看法？

　　王：*Tess*（《黛絲姑娘》）的電影非常 faithful（忠實），幾乎一模一樣，真是 word by word（逐字）的翻譯。可是，成績一點都不好。這就是小說改拍電影的通病，拍到這樣好了，也不能勝過小說，趕不上原作的水準。

　　單：在寫〈一個公務員的結婚〉時，有沒有模仿哪些作品？

　　王：我相信還是受到契訶夫的影響。

　　單：我讀過拉德納（Ring Lardner, 1885-1933）的 "Haircut"（〈理髮〉），全篇從開始到結尾都是一個理髮師在講話，這篇手法倒是跟〈一個公務員的結婚〉很相近。

　　王：我當時大概也看過 "Haircut"——是的，我猜我那時已看過 "Haircut"。

　　單：寫的時候並沒有刻意去模仿？

王：寫的時候——恐怕沒有。

單：寫〈大風〉時有沒有想到布朗寧（Robert Browning, 1812-1889）的 dramatic monologue（戲劇性獨白）？

王：當時我還沒有讀到布朗寧的那篇……那篇 "My Last Duchess"（〈前公爵夫人〉）。〈大風〉的最大影響來自海明威，我個人也想試驗一下 vernacular（口語）的運用。當時都在摸索，語言的可能性太多了，到底哪一種語言適合我，不能決定——然而真正的口語，我只有在〈大風〉中採用過。寫完後，有人說這是我中文唯一寫通順過的一篇。別人既這麼說，我就又把這條路放棄了，因為我並不認為只有這種語言才算通順的語言。〈大風〉之前，我寫〈草原底盛夏〉。我想我自訂的目標是寫出像〈草原底盛夏〉這一種的語言來，到現在也都依然沒變。因此，〈大風〉的嘗試以後，我就不再重複，仍回頭尋找〈草原底盛夏〉的語言。

單：海明威給你的影響是哪一方面？

王：海明威的影響，多在語調上；〈大風〉的語言雖然極端口語，但是語調則模仿海明威。我相信受到了《老人與海》（The Old Man and the Sea）的影響，那段時間我正在細讀《老人與海》。

單：你在《十五篇小說》的序中提到，在寫〈母親〉和〈草原底盛夏〉時，根本不管別人，自己愛怎麼寫就怎麼寫。是不是這兩篇最自由，最能表現自己？

王：我猜也只有這兩篇我不曾想到適應任何人，因此，發表以後，別人都說不曉得我寫的什麼，於是，我對自己又發生了懷疑，於是又去摸索旁的途徑，看看可不可能讓別人——當時還在乎於希望別人認同，還介意這些問題。現在則不大理會別人的批評。

找到自己的語言

單：你曾經提到在《龍天樓》時，才找到自己的語言，是逐漸認識，還是突然發現？

王：是逐漸的。《龍天樓》之前，寫〈欠缺〉、〈黑衣〉的時候，就已經走向這種改變了。拿這幾篇跟早期的一些比較一下，就可以看出顯著的不同來，等我寫《龍天樓》、《家變》，以至《背海的人》的時候，要我再回去寫像〈殘菊〉一樣的語言，我根本就寫不出來，那好像是另外一個人寫的。我從《龍天樓》開始，比較有信心，然則我還是不敢「為所欲為」，要到以後，到了《家變》才好轉，甚至於《家變》都還是束手縛腳的，大概到了《背海的人》才開始自由。

單：要是分析自己的風格，你可能怎麼分？有沒有清楚的分野？

王：不會那麼清楚，但頭尾能夠分得很清楚。把〈殘菊〉、〈一個公務員的結婚〉跟後來的併在一起，大概就像兩個人寫的。

單：談到「通順」，不曉得你的定義是什麼？似乎你的定義跟別人對你作品的看法有一段距離？

王：是，是，所以就產生很大的 friction（摩擦）。從開始，也許從〈草原底盛夏〉或是從〈母親〉，我的通順就只是個人的定義；我的個人定義也沒有特別的原則。我只是說，詩的句法跟散文的句法應該有所不同。我相信，詩的句法可以移植到散文上來。假如有人只認同詩的句法，而不肯認同小說裡詩的句法，disagreement（歧見）就發生了。

單：有人提倡口語入詩，你做的是否剛好相反？

王：不一定。我是說，如果我寫詩的話，我用口語寫，口語入詩，結果也還是特殊的詩句。像宋詞中也有非常白話，非常口語的

字句，但那畢竟不全是講話的口氣，仍然還顧慮到整首的 meter（韻律），還歸束到詞的 syntax（語法）之中。還有貝婁（Saul Bellow, 1915-2005），他用許多的口語，但是他的語言絕對不是普通人的口語，純粹是他個人的語言，說到貝婁，可以再舉海明威做例子。海明威用字淺顯，大家都以為他用普通人的語言寫作。其實不對，他只採用一般語言裡的某部分，某種特色，加工以後，轉變成自己的語言。普通美國人說話絕不像海明威寫的那樣，他的語言跟普通人的白話究竟不同。西方作家中，每一個人的 language style（語言風格）都跟普通人說話不一樣，人人都有個人的 written style（文章風格），我所做的只是西方作家所做的延續，和他們並無二致。

單：《十五篇小說》裡面，〈母親〉、〈草原底盛夏〉、〈日曆〉、〈最快樂的事〉，這幾篇的故事性算是相當弱的。要是把這幾篇列為 anti-fiction（反小說），你認為怎樣？

王：這些，在法國人看來，應該算 vignette（小品文），不是新形式，十九世紀的作家就常常寫這類半散文，半詩的小故事，短篇小說的彈性本來就大，自古以來短篇小說原就充滿實驗精神，所以，就是今天，短篇小說也不容易被人視為反小說。

單：你有些短篇小說非常短，比方說〈最快樂的事〉只有一頁，〈日曆〉只有兩頁，那個時候為什麼會有這麼短的作品出現？

王：是這樣，我想寫的故事長短都有，數量也不少，這就看當時渴望寫什麼。寫〈日曆〉的時候，可能截稿期太近，我只好選出這樣的短稿來寫。

單：那些短的作品是不是為了表現一種突然的幻滅或領悟？

王：嗯——大概是的。當初覺得短的故事能夠完整表達一種意思，簡短正是最合適的表達方法。

單：你在《玩具手鎗》的序言中說，收進來的小說做了很多的

修改，比例可能高達三分之一。修改的目的是什麼？主要是求精確嗎？

王：是。你因為看到原來的東西不好，十分討厭它，所以你去修改。而事實上，改完之後好不好，還是個未知數，還是不知道，所以這種修改根本得不到 satisfaction（滿足），你反而不像當刻你寫的時候你曉得這麼寫是肯定的。你修改從前的，改完了後你都肯定不來，所以這 suffering（折磨）是非常、非常 unbearable（受不了的）。

單：《文學雜誌》上的那幾篇小說為什麼沒有收到後來的小說集裡？

王：我覺得《文學雜誌》上的 apprenticeship（習作）的成分太濃，可以刪除、可以修改的地方太多了。我後來只選《現代文學》登過的，因為大約從《現代文學》開始，我比較謹慎，不會把我不想寫的材料也寫到故事裡來。也就是說，economy（精省）這個原則，我從《現代文學》以來才實行得較為順利。

單：中篇小說《龍天樓》是在哪種情況下寫出來的？

王：《龍天樓》多半是在外國構思的。在中國的時候曾想出一個頭，並不認為有必要

《龍天樓》，1967年6月，文星書店。

寫成一篇小說。後來在國外，我跟別的年輕人一樣，到了國外反而覺得跟中國比較接近，因此就把這一篇找出來寫。另外一個原因，也是因為這一篇的 scope（範圍）比較廣，我在寫長篇之前，我要做一個過渡時期的嘗試，因此我要寫一個幅度比較廣闊的中篇小說。中國文化淵源的這一點，在我今天看來，是非常的虛偽的，因為這純粹是表象的、皮毛的、一種虛榮心的，不說是虛榮心至少也是虛偽的感情，是年輕時候的一種浪漫的情感，但是實在是 sentimental（濫情傷感）得可以。這是我的 motivation（動機）之一，這一點我今天回想起來，覺得非常不高明。至於說想進行中篇的嘗試，這個動機到今天來看還是相當正確，確實應該有這樣一個過渡時期。

單：寫這一篇時，結構上是不是有意模仿《十日談》（*Decameron*）或《坎特伯里故事集》（*The Canterbury Tales*）？

王：我想 remotely（稍稍）有關係。《十日談》的本文我很陌生，但是《十日談》的模式已經成為單獨的 genre（文類），不少的小說、戲劇，照它的方式去寫，這公式我知道，而且我也刻意想在這一篇裡採用，沒有錯，我套用了這種方式。

《家變》與《背海的人》

單：《家變》洪範版的序提到，《家變》寫出來時，本來只想油印幾份。

王：這是真話，因為排版有困難，而且肯出版的出版社也難找，我從來就沒想到會有個很大的 readership（讀者群）。

單：你在洪範版的序裡講，《家變》一出來，文壇熱鬧得像是舉辦徵文比賽。相形之下，《背海的人》推出後，讀者的反應就相當冷淡。你推測大概是什麼原因？

王文興與顏元叔（右）攝於臺灣大學校園。（國立臺灣大學圖書館提供）

王：理由是這樣，《家變》原先會那麼熱鬧，完全是因為顏元叔先生的那篇批評，刺激了若干人士（按：〈苦讀細品談《家變》〉刊登於 1973 年 4 月《中外文學》）。顏先生說《家變》……他是贊成《家變》的，他贊成《家變》，當然就有很多人反對《家變》，而《背海的人》就因為沒有人引起這種論戰，也就沒有這番熱鬧。

單：「家變」座談會中，有不少人贊成你的作品，可見正反兩面的意見都有，不見得完全是針對顏先生的文章。

王：「家變」座談會是在別人攻擊以後才舉行的。攻擊的人都集中在《書評書目》上。那是一次有計畫的攻擊，顯然有人策畫。參加的人相當多，而且都用筆名，很多還都是我的熟人。我不大明白何以他們的反應如此激烈，大概還是顏先生的文章引起的。《背海的人》出書以後，我相信反對的人當然也不少，只是現在還沒有人明白贊成這本書，要有的話，馬上就會有人群起圍攻，是可以想

像的。

單：有關《家變》的評論，哪些比較能看出你的苦心？

王：凡是學位論文的，因為篇幅較長，內容當然也比較豐富，除了學位論文以外，顏先生的這篇，最為詳盡。張漢良先生的雖是短些，他文字方面的意思很豐富（按：〈淺談《家變》的文字〉刊登於 1973 年 5 月《中外文學》）。陳典義的那篇〈《家變》的人生觀照與嘲諷〉，題目很好，非常的好。在這題目的範圍裡，他也分析得十分正確，research（研究）也做得好（按：刊登於 1973 年 7 月《中外文學》）。這是印象比較深的幾篇。有些反而是年輕學生寫的，譬如香港的一份學生刊物，我看到一篇，也相當好，是個大一還是大二的學生，中文系還是外文系，中大還是港大，我記不得了；東海大學的中文系，原有一門現代文學課，其中有篇報告，後來登在《中外文學》上，是個姓范的學生寫的，也寫得不錯。我起初都不知道他們只是大一大二的學生，後來我一問之下，才知道，都寫得很好，很完整，而且有自己的意見。

單：這些批評對你了解自己的作品，以及對將來的創作，有沒有影響？

王：我想假如批評是正確、適當的話，能讓我對自己的作品認識得更清楚，等於是一份 encouragement（鼓勵），encouragement 之後，自然能夠增加 confidence（信心），confidence 當然愈大愈好。《家變》當初如果沒有反應，我就不知道還會不會寫《背海的人》，說不定我又要再摸索一番，再設法適應讀者，即使不完全適應，也會嘗試某種程度的適應。

單：《家變》當中有一段是主角在日記上寫道：「家是世上最不合理、最不人道的制度」。有人認為那一段在技巧上、在整本書的結構上構成缺憾，你認為呢？

《家變》，1973年4月，環宇出版社。　　《背海的人》，1981年4月，洪範書店。

　　王：當初我寫的時候，也考慮過這問題。想到是不是調和。我呢，選擇了不調和，到今天我的看法仍一樣，只有放進這樣不調和的一段，才能 fully（全然）表達這部書的本意。這是我書裡頭唯一用 essay（散文）方法的一部分。而這種 essay 的方法，在十八、十九世紀，小說開始的時候，是很普通的。今天看從前，當然認為它是不成熟的技巧，可是我寧可回頭採納它，就是為了剛剛講的，我覺得它粗糙有粗糙的好，何況我更改了一些。十八世紀小說裡的散文，全是純粹的散文，純屬作者個人的意見的表達，而我的這一篇散文，寫的是 fictional（虛構的）散文，不是我、作者，個人意見的表達，而是 character（角色），他個人的意思的表達。所以基本上這一篇還是小說裡的一部分，而非單獨的散文，所以這是和舊方法稍稍有不同的地方。

單：你從前說過，寫小說是處理一種危機，《家變》是不是處理中國家庭在這種社會情況之下所面對的危機？

王：我大概說的是 crisis。《家變》的 crisis，顯然在家庭裡的 relationship（關係）上，這種 relationship 應該不受地方的限制，各地家庭的關係都一樣。但是，當然了，很可能在中國是以我這一本書的方式出現。若是外國家庭的 crisis，內容不會相同，然而 crisis 的本質一樣。而我一直認為家庭裡 crisis 的重要性極大，大到恐怕要超過社會上 crisis 的重要性。

單：《背海的人》則用心理上的寫實來象徵一個或一個大危機的不同方面或不同層次？

王：是的，《背海的人》的象徵性確實高於我從前的任何作品。我希望它能到達希臘悲劇的象徵境界，就是說，要做到象徵人和命運，人和大宇宙之間的關係。《背海的人》處理的危機比《家變》裡的要多。《家變》只是一種 crisis 的研究，《背海的人》是多方面 crisis 的 presentation（呈現），雖然不比《家變》深入，但是層面廣得多。

單：《背海的人》是不是因為用了意識流，可以觸及不同的層面，所以使它的層面比較廣？

王：我的方法確實有這樣的方便。這樣的方法適合這樣的內容。

重視文字的形音義

單：你在洪範版的《家變》序裡提到，「一捲四個樂章的協奏曲，你不能盡快在十分鐘以內把它聽完。理想的讀者應該像一個理想的古典樂聽眾一樣，不放過每一個音符（文字），甚至休止符（標點符號）」。這個比喻的用意何在？

王：這個比喻的目的非常單純，就是在 emphasize（強調）閱讀的速度應當減慢，應該讀得仔細。我選擇音樂，因為我奇怪為什麼大家公認的聽音樂應有這個原則，而讀小說卻不用這一原則。我對這樣的 absurdity（荒謬）始終不了解。

單：文學以文字為媒介，音樂則以音符為媒介，一般說來音符的長短固定，而閱讀文字——

王：對了，這正是我要強調的。文字跟音符一樣，照它的 arrangement（排列）也有長短。我們讀書的人，以為用眼睛讀書，其實這是搞錯了。我們應該用 lips（嘴唇）讀書，這時就可以了解，凡單字的聲音，有輕重快慢的區別；我的意思無非是反對一目十行，那和我的方法是全然相違背的。

單：王宣一的〈背海狂草：王文興的兩個長夜〉（下）提到，你在寫每一個句子時，腦子裡自然浮現一些景象，然後你從這些景象中選定一幅，再藉文字表現出來（按：刊登於 1980 年 9 月 12 日《中國時報》第八版）。這裡的「景象」要用 picture 還是 image？

王：都可以用吧。我總是先考慮 picture，然後，萬一我的 music（音樂）寫錯的話，這幅 picture 就會遭受損害。說來說去，這也就是 sound and sense（音與義）的結合，sense 就是 picture，sound 是 music。

單：除了文字之外，在其他方面，比方說結構或技巧，有沒有受音樂或繪畫的影響？

王：在大結構上跟音樂的關係比較遠，那是因為我的音樂只是普通人的音樂，我對樂理，對音樂的結構，對發展史都非常的陌生，所以我不能像湯瑪斯‧曼一樣，他能把一本書的結構整部配合到音樂上去。我對音樂的常識太簡陋了，所以我做不到。我只有普通的音樂感覺，要求句子的節奏，抑揚頓挫等，這方面的音樂性。至於

美術上，美術與結構也沒什麼關係。我相信，我對圖畫結構的了解，要遠比對交響樂結構的了解清楚得多，但是我也沒把繪畫的結構運用到小說結構上來。這原因在哪裡？這原因就是我看不出這兩方面能夠溝通，到現在我還找不出這兩方面可以溝通的理由。如果我的寫作之中含有重視繪畫的成分的話，那是傳統的文學上的特點，就是說「詩中有畫」，這一個特點。再進一步，也許就是選字上的視覺效果——這是我所能做的最遠的一步，使文學跟繪畫的距離拉近，也就是說，重視文字的本身形狀，相信文字的形狀跟它的本身涵義有密切的關聯。這是我在寫作時候非常注意的一點。

單：你的作品中有不少寫的是青少年。

王：是的。並不是我偏愛青少年時期，我猜我能用到的是，經過長時間的過濾，我可寫的材料只有青少年期。將來，等我過濾的時間過去了，就能寫到成年期、中年期，乃至老年期。

單：除了「命運」這個主題之外，我還留意到 initiation（啟蒙）也是你作品中常出現的主題，比方說〈寒流〉、〈欠缺〉。

王：我想這類經驗在人的一生裡留下的痕跡當比別的經驗深刻，所以對這類經驗才有特別的興趣。

單：在這些啟蒙中，好像跟性的關係很密切，比方說〈最快樂的事〉、〈寒流〉、〈踐約〉的結尾。

王：對，因為這也正出現在青少年的生活裡，這是個 major（主要的）課題，對青少年內在生活的影響舉足輕重，基於這個理由。倒不是以為這種題目容易吸引人，主要還是以為這課題，在任何人的那一段人生裡，都是重要的。

單：海明威說過，要當好作家，得有一個不快樂的童年。你認為呢？

王：嗯，是，我確實不太快樂，不只童年，包括我的

adolescence（青少年）。不過各個人的不快樂都不一樣——是吧？甚至我懷疑有沒有人童年是真正快樂的。

文字的精確與通順

　　單：陳若曦在〈無聊才讀書〉一文中說，讀了《背海的人》之後再回來看《家變》，發現她相當能夠接受《家變》的文字。

　　王：嗯，她這樣看。現在很多的人也許是這樣看，都認為《家變》的文字已經習慣了。可是我自己還有一個目標，就是我也希望我倒回頭去習慣讀者，但同時也要保留我要做的，還能保留原來的目標不變。我相信做得到，但是很難，還要花很多工夫，那就是我的文字教育還要再比現在好得多多才行。

　　單：你認為有哪些作家能夠做到這個地步？

　　王：嗯，我一直想到的是海明威，我最喜歡的是海明威。還有，我不懂法文，所以這是一個空中樓閣——我相信福樓拜（Gustave Flaubert, 1821-1880）是這樣的，可是我卻不能證明。

　　單：就是一方面要求文字的精確，另一方面……

　　王：然後通順，兩樣都不犧牲，二者都能兼顧。我漸漸覺得吳爾芙比較接近。而有時候我也在懷疑，我看到的海明威，我會不會因為看到的是他，所以我對他的要求比較低？我看到的海明威——是不是因為他是通順的，會不會他在準確性方面因而不夠高？我的意思是說，如果他犧牲了通順的話，是不是他的 precision（精確度）會更好？

　　單：你講究文字的精確，那麼對文字的 mimesis（模擬）有什麼樣的看法？

　　王：我的看法非常簡單，也很原始，只有一句話，就是盡其可

能的模仿。我也沒有一套規則說怎樣才能使它逼真，我剛才說「盡
其可能」，就是，我能用的方法，即使是非常自由的方法，我都不
惜代價要用它。所謂不惜什麼代價，就是不惜犧牲傳統、普通的
reading habit（閱讀習慣）；而我剛才也說，我當然也希望有一天不
必做這樣的犧牲，也能夠達到目標。

單：你寫《背海的人》本來想不分段的，但顧慮到讀者的了解，
做了一些讓步。

王：本來連標點都沒有。

單：就像 *Ulysses*（《尤利西斯》）中 Molly（毛莉）那一部分。

王：是的。讓步是必要的，因為那樣的話，更沒有人讀了。而
且中外的環境不一樣，國外這種實驗主義已經走得很遠，讀者畢竟
還有，我們的情形，要實驗到這種地步，怕一個讀者也找不到。

單：創作時若是完全忽視語言的 convention（成規），難免在
溝通上有困難，若是完全遵守成規，可能就無法創新，你是怎麼在
兩者之間取得平衡的？

王：我找到的 judge（裁判），就是我自己。我寫的時候，往
往讓自己退後一步，站在外面，去看看這一句是不是 precise（精
確），我先要求我個人的 precision，而後再檢查我用的方法，像你
說的，看看是不是過度了些。我認為如果我要求精確，我的方法一
定是 unconventional（不合成規的），因此我一定要檢查看會不會太
過度。我常常修正，不論《家變》、《背海的人》，在我的底稿上
我常常有比我現在更過度的表現；我發覺走得太遠的話，我就要把
它修正回來。

單：在修正當中會不會犧牲到精確？

王：盡量不。這就是我修正的原則：我一定要保留原先的效果。
許多的地方好像實在沒辦法更動，我就原封不動，也就是，仍然把

過度的留在紙上。

單：《家變》和《背海的人》，有時同一個字連續用上七八個、八九個。一般讀者認為也許用一個就夠了；又，用七個跟用八個有什麼差別嗎？

王：少一個都不可以。就像畫家，畫一棵樹，你問他少掉一張葉子可不可以，他一定說不可以。我這麼寫，是跟剛才說的音調，還有跟眼睛的視覺有關係。多數這時候，是因為這一句需要某種rhythm（節奏），若不這麼寫，就會顯得……太 arbitrary（武斷），恐怕你剛才說的，溝通有困難的情形，往往就是 fighting against arbitrariness（對抗武斷）的現象。

單：陳若曦在文章中說：「《背海的人》在文字變革上，我尤其感到困惑和惋惜。它和喬埃斯的《守喪》（*Finnegans Wake*）一樣，文字被割裂，有時扭曲得不成形狀。」我也問過其他人，例如何欣先生也認為你的文字和喬埃斯的關係相當密切。你同意這些看法嗎？

王：假定跟喬埃斯有任何相關的話，只不過說都是表達出……都很自由而已，只是「都非常自由」的這一點相同。可是我敢說，只有這一點相同，其他的地方一定不相同，為什麼？因為我在寫《家變》的時候還沒有讀過 *Ulysses*，寫《背海的人》的時候，我讀完 *Ulysses*，但是毫無心得，而我根本還沒看過，至今都還沒看過*Finnegans Wake*。

在寫實主義中注進象徵主義

單：你寫作要求精確，而你在《龍天樓》的跋中說，《龍天樓》是一本象徵小說。你認為寫實跟象徵的關係如何？

王：我不是說這兩種哪一種好，我只能說我個人的偏向，我偏向於 symbolic realism（象徵寫實主義），即，綜合象徵和寫實的文學。雖然我十分欽佩莫泊桑和福樓拜，但是我大概都會在寫實主義中注進象徵主義，而這象徵主義則是福樓拜和莫泊桑當初所不重視的。

單：《背海的人》（上）剛在《中外文學》連載的時候（按：1980 年 10-12 月第九卷第五至七期），張漢良先生把它列作 anti-novel（反小說），你同不同意他的看法？

王：這看法也對，如果針對 conventional 形式而言，是新小說，然則我的形式在西方，已經算傳統了，只算傳統的小說。

單：《現代文學》第二期的編後提到〈母親〉是象徵，《龍天樓》的後記也說這是「象徵的作品」，張系國在座談會評《家變》時也提到它的「象徵的價值」（按：〈家變座談會〉紀錄刊登於 1973 年 6 月《中外文學》）；《背海的人》除了用意識流表示心理寫實方面之外，是否也可以視為象徵性的作品？

王：應當也有象徵的涵義，甚至還比《家變》裡的象徵濃厚。

單：那其中之一是不是就是象徵人的困境？

王：是的。

單：《家變》裡不少是描寫外在的景物或事件，而《背海的人》則完全集中在個人的內心思緒，兩者在語言方面有沒有不一樣？

王：沒有。這兩本書的語言是連貫的——我相信是連貫的。

單：在《家變》座談會上，你說《家變》的語言富有音樂性，還當場朗誦來證明；《背海的人》也是這樣嗎？

王：應該還是這樣。同樣的目標，一樣的理想。

單：王宣一在其文上篇提到，你構思《背海的人》時，受了不少西方現代小說家的影響，其中有卡繆、康拉德、杜斯妥也夫斯基、

卡夫卡、貝婁、海明威，尤其受海明威的影響最大。

王：她也漏了幾位，應當還有貝克特，還有你剛才提到的湯瑪斯·曼。

單：至於海明威，還是跟《老人與海》比較近？

王：海明威，最主要的還是語言。

單：這一點恐怕一般人會非常驚奇；海明威的語言給人的感覺是簡潔有力、陽剛，而你的語言給人的感覺並不是這樣。這點能不能再稍加解釋？

王：我自己還是覺得海明威的特點在我這裡應該都看得到。若是有人說海明威的文字簡潔，那只是他文字的一部分，一方面而已；如果你讀他的 *Death in the Afternoon*（《午後之死》），還有他某些小說，尤其後期的小說，他的句子也相當長，當然 clarity（清晰度）仍然很高，可是絕對不是短句，原先所說的 brevity（簡潔），到後來全不存在。我甚至以為康拉德跟海明威很相似，語言風格上類似之處甚多。所以，究竟我是受到海明威的影響大還是受到康拉德的影響大，就很難說了，依我看這兩個人就是一個人。

對喜劇文學的認識與吸收

單：你前面提到有一段時間想試驗內在獨白，為什麼？

王：我想因為這方法對我來說比較陌生，我希望找機會試一試，練習一下。對於陌生的事，總有些好奇，好比在那段時間，我從未試過 satire（諷刺），後來我也覺得我應該試試 satire，因此到下一階段，我便嘗試 satire 的練習了。

單：「下一個階段」大概是從什麼時候開始？

王：這非常晚了，這要到《背海的人》。

單：《背海的人》當中用諷刺是不是為了表現你對社會或人生的批判？

王：對，這也是這本書的本意之一。選擇一本書來寫，要考慮到多方面因素。例如我的興趣，以及這本書本身的要求，這書本身要求必須怎麼寫，都要列入考慮的。凡是能夠滿足各方面要求，滿足最多的這樣的一本書，我就會選上它，寫它。我寫《背海的人》的時候，我有三四本不同的書可寫，但是我選擇了《背海的人》，其中有個很強的理由，就是我願意寫一本 comical（喜劇）的書，願意寫一本諷刺的書。

單：是不是從不同階段的作品中，也可以反映出當時你對人生的一些態度和看法？

王：我不知道是不是反映當時，比如說寫《家變》吧，當時我對這個題目有興趣，後來呢，因為寫過了，所以不再寫，要脫離一段時間。而其實我的興趣還有，不限於當時，因此，書本可以表達一個人——作者持久的、長遠的興趣。即使他將來不重複，並不表示他失掉興趣。只表示他暫時要休息一下，想要換一個題目，避免立即重複的疲勞。

單：我看到你早先和最近寫的序或跋，發現你對藝術的看法基本上並沒有改變，但是語氣上變得比較幽默，不像最先為《新刻的石像——《現代文學》小說選第一集》（1968）所寫的序那麼嚴肅。

王：對，大概是有這些變化。我想這確實是改變，並非我原先就有，或本來即備而不用。可以這樣說，我對喜劇文學的認識不是一開頭就有，而是逐漸的吸收進來的。

單：逐漸吸收？從什麼時候有這種傾向？是看了一些作品，還是經歷一些事情？

王：是的，且拿我自己的作品來分，這個階段應從《背海的人》

開始，但在這以前我想我的吸收早就開始了。讓我想一想，從什麼時候開始？其實零零星星的，對於喜劇文學的吸收，在早先閱讀俄國小說時，或法國小說時，已經開始了，但完完整整的，真正喜劇文學的吸收，讓我想想看，應該從赫胥黎（Aldous Huxley, 1894-1963）跟貝克特開始，是的。

單：為什麼赫胥黎或貝克特會對你產生這種作用？

王：尤其貝克特。從貝克特，我體會到喜劇可以十分嚴肅，我了解到何謂 serious comedy（嚴肅的喜劇）。赫胥黎使我……他的吸引力在於他的喜劇，使我覺得，生機活潑、生機充沛，是這吸引了我，就是說，喜劇本身給人更高的生命力，這一點我非常羨慕。

單：他們兩位的哪些作品給你這種感覺？

王：貝克特的 *Molloy*（《莫洛伊》），赫胥黎的 *Brave New World*（《美麗新世界》）。

單：是貝克特的小說還是荒謬喜劇，讓你對喜劇有更深的認識？

王：我不太喜歡他的戲劇，除了一兩部短劇之外，他的長劇我都不大喜歡，我是從他的小說裡得來的。

單：尤其是《莫洛伊》？

王：尤其是，而且也從他其他，比較容易些的小說。他寫過非常艱深的短篇，這又使我非常無知，使我覺得我好像什麼都不懂。

單：你覺得問題是出在他，還是出在讀者？

王：我想在於我。因為有這樣多的人了解他，許多的選集也都選了這些，可見只是我個人不了解。

單：寫《背海的人》是不是稍稍把它當成 low comedy（低級喜劇）？甚至有些地方，比方在寫近整處時，是不是當成 farce（鬧劇）來寫？

王：嗯，的確如此，是 lewd farce，或者是 bawdy farce（猥褻

的鬧劇）。

單：最後有關妓女的那一部分？

王：也是這樣，想把 sexual act（性行為）寫成 farce。

單：陳若曦的體會似乎剛好跟你相反？

王：我覺得遺憾的是，陳若曦沒看出書中的喜劇意味來。這本書念的時候如果不認為它是 comedy，就什麼都損失掉了，這本書基本上是個 burlesque（狂嘲）。這種寫法在中國小說裡也許沒有過，但在歐美太普通了！

角色的創造與作者的成分

單：你描寫近整處那些人，湯瑪斯・曼的 *The Magic Mountain*（《魔山》）也是描寫聚在一起的一群人。

王：你這說得不錯，我確實受了 *The Magic Mountain* 的影響，這一部分是 modeled on（仿效）*The Magic Mountain*。

單：卻是以低級喜劇的方式出現？

王：可能的，這是因為人物不同。*The Magic Mountain* 寫的是上流社會，至少中產階級以上；我這裡則是垃圾箱，收集種種社會上排棄的人。

單：第一頁寫天主堂、妓女戶，三十一頁寫矛盾，我看了之後聯想到波普（Alexander Pope, 1688-1744）的 "An Essay on Man"（〈人論〉）；你寫的時候有沒有想到他那首詩？

王：寫的時候沒想到，寫過之後倒是想到了。

單：你作品中的角色取材自真實人物的成分大概有多少？

王：真實的成分嘛，總有百分之五十。

單：「真實的成分」是指不同的真人的性質？

王：是的，是拼湊起來的。我沒有辦法寫一個下筆之前我看不清楚的人。這一人物一定要很清楚，很清楚，諸如他的性格啦、來龍去脈啦、身世、背景、教育，即使是個次要的角色，我也要十分的肯定才能動筆。易卜生（Henrik Ibsen, 1828-1906）說過，即使在他劇本裡只短短出現一下，只說幾句話的配角，他仍知道他的年齡、身高、體重、父母是誰；也就是說，易卜生先把人物想得比他將來要寫出來的多得多。

單：海明威認為，寫作應該像冰山一樣，露出來的只是一點點。他寫《老人與海》時，大可把整個漁村寫進去，結果卻完全集中在一個人身上。

王：他的看法很對。能夠影射、能夠暗示最好，不必原原本本說出來。

單：角色中作者本身的成分……

王：這也是沒法避免的，因為，你一旦想了解一個人的話，總是從自己開始，從了解自己開始，難免不放進自己的看法或自己的經驗。

單：有人在評《背海的人》時，說爺是你的代言人；有人在評《家變》時，說男主角范曄就代表你。

王：他們可能以為主角的看法，種種特殊的想法，應該是作者本人的「說法」，我也無法否認，一定也有某些方面的重疊。

單：你怎麼幫角色命名？

王：哦，命名，跟創作的其他種種一樣困難，一樣的費事。不一定說……我反對名字要有象徵性，但是說不定還有比象徵性還難的；因為，名字一定要有豐富的內涵、豐富的暗示性，不說別的，平時我們每一個人的名字，就是一首詩，一首最抽象的現代詩。所以，起名字是最難不過的。

單：提到為角色命名，我想到一個很特殊的例子，《背海的人》在上冊中主角的名字一直沒出現，可能在下冊也不會出現吧？

王：是的，這個人沒有名字，他的名字是故意不出現。這個人之所以不給他名字，因為他沒有名字比有名字好。其實他也有名字，他應該姓齊，齊白石的齊；他的名字好像，我當初起的好像是齊必忠，採「必信必忠」的必忠。但是他的名字永遠不會出現。他是個少校，官階是退役少校。

單：是什麼軍種？我記得他穿的是空軍的軍衣。

王：陸軍。他穿空軍的軍衣是因為他到舊衣店去買空軍的大衣穿，這一點我也沒寫到書裡去。我給齊必忠這個名字，是因為這樣寫他的時候好寫，好像真有其人，這樣我處理這個角色比較肯定，不會模模糊糊。

單：你當初選定這個人當主角和敘事者的動機是什麼？

王：這本書最重要的一角就是這個人的聲音，這個聲音才是《背海的人》的主角。寫書之前，我最先就要先選擇一個聲音。有了聲音，才給這聲音配上一個人。配上一個人，就附帶要許多寫實主義的考慮，諸如時間、地點、背景等問題。這些都列入考慮，一一都是創造這一個人物的理由；我也考慮到mythological（神話）的理由。這些 combine（結合）在一起，就塑造出這樣一個只有單隻眼睛、一個落魄的、一無所有的 fortune-teller（算命者），一個象徵與寫實並重的人。

單：把主角弄成獨眼，是跟希臘文學中的瞎眼先知 Teiresias 有關？

王：是有明顯的關係。

單：對自己創造出來的角色，你懷有什麼樣的感情？

王：感情那的確就等於是真的認得一個朋友一樣，好像齊必忠

就是我認識最熟的人，他的一舉一動我都知道。他假如現在開門進來的話，我就知道他要做些什麼。這是因為跟他一起生活已經有十幾年，所以你熟悉他的一舉一動。

關於書名和封面

單：你什麼時候取書名？是在寫作之前、過程當中，還是寫完之後？

王：各篇不一樣。《家變》是最後上版之前才決定。《家變》寫到最後一個字的時候還不知道這本書叫什麼，後來取名「家變」，我自己仍不喜歡，到現在我還是不喜歡。但是《背海的人》在寫作之前的一年已經先出現書名了。

單：劉紹銘先生在一篇文章中主張模仿喬埃斯的書名，把《家變》譯成 The Portrait of the Artist as a Young Rebel（按：〈十年來的台灣小說：一九六五～七五——兼論王文興的《家變》〉刊登於 1976 年 4 月《中外文學》）。

王：唔，許多人喜歡說，這主角是個 rebel（叛徒），可是我的本意並非如此。主角只是個普通人，很普通的人，在 rebellion（叛逆）方面並無特色。

單：《家變》和《背海的人》要你自己英譯書名的話，你會怎麼譯？

王：第一本我想過，只是沒想出來。第二本書——想出來了，但是也不好，太長了，所以並沒有自己滿意的譯名。

單：你是怎麼譯的？

王：叫作 *The Man with His Back to the Sea*，可是這個名字太長，但只有這樣才是本來中文的意思。

單：《背海的人》有沒有跟大自然的關係？

王：唔，有。《背海的人》特別強調大自然前面人的眇小，冷漠的大自然一直存在。

單：你覺得用 "The Man against the Sea" 怎麼樣？

王：against 的意思比較模糊，是精神上反對呢，還是別的？

單：因為我讀《背海的人》，發現到其中的海除了對抗的性質以外，還有就是小說中多次提到要捕魚，好像在絕望中稍稍還有一點希望，如果用 against 是不是兩方面意思都把握住？

王：當然這個字有它 ambivalent（模稜兩可）的一面。中文的書名就是要力圖避免，只著重人的 physical position（身體的位置），不強調精神的 position。所以大概正如封面上所畫的──就是這個意思──人背對著海。

單：我注意到《背海的人》的封面是由你和別人聯合設計的。我問過洪範書店的負責人葉步榮先生，他說底稿是先由你用鋼筆描好的。

王：是我先構想，再請人畫出來。本來我不想設計封面，到底這方面我不熟。可是有人設計好了，給我看，不大合我的意，太具體，太具象了，我就想索性我自己試一試。我的設計是從書裡來的，也算整本書觀念的一個總結論，是跟小說有關係的。

單：你覺得文字和圖樣的效果有什麼不一樣？

王：圖畫的缺點是：是靜態的，而且只有一幅圖。一本書的內容當然不是這樣一幅圖就可以表達殆盡的。倒是電影有可能，因為電影放得下一個故事，是一套連續的圖畫。我一直沒問過別人對我這封面的看法如何，你有沒有聽過別人的批評？

單：沒有。不過我自己的感覺是，一個人被窩在那裡。

王：書裡頭的這個人，可惜還沒有畫好。這個人應該是抽象的，

或者半抽象的，只有光和影——可惜沒有把這種攝影上光影的感覺充分表現出來。現在的光影只是漫畫上的光影，我要的是攝影術的光影。而且，這人似乎太胖了些，應當再修改。

對經驗的看法與運用

單：你在不少地方都把「經驗」分成兩類；請談談你對「經驗」的看法好嗎？

王：你記不記得怎麼講，是哪兩類？

單：一種是現實的經驗，一種是浪漫的經驗。

王：差不多，對。有時候，大概我在不同的 interview（訪談）時，更換了稱呼，實質是一樣的。我或者改稱之為普通的經驗和傳奇的經驗。那麼，我現在，我還是認為普通的經驗人人都有，而且大家的都很豐富，根本不必去追求，只要善觀察、善反省，一定都可以用之不盡，取之不竭。傳奇的經驗、浪漫的經驗，或者，我不是說這不好，我是說沒有也不妨，也無妨礙，而且這可以靠想像力補救。眼前太多的人把這兩種混為一談，總覺得要有浪漫的經驗才算經驗，這使很多人對寫作這條路踟躕不前，這是對寫作傷害最大的一種說法。

單：用這兩種經驗來區分你自己的作品，是不是《龍天樓》那一類的作品比較偏向浪漫的、傳奇的，而其他的——

王：是，《龍天樓》應該是不折不扣的浪漫小說，其他的有比例上的差別。我覺得，我任何的故事，不論長篇、短篇，恐怕都脫離不了浪漫，即使是《家變》也帶浪漫色彩，乃至於《背海的人》，浪漫成分比《家變》還可能更濃。是的，我想我不是個百分之百的寫實主義。

單：你有沒有什麼最難忘的人生經驗？這些經驗後來有沒有在作品中出現？

王：我相信用過一些，但是還有很多到現在還沒有用，我也不知道將來有沒有機會選用。原因就是因為我的寫作速度太慢，我擔心，難免有許多要用不上。

單：把經驗寫到作品中要多少時間醞釀？

王：是的，我總要隔十年左右，才有辦法 adopt（採用），不少的作家能夠處理 current（現在的）經驗，我辦不到，這個我辦不到。

單：為什麼需要隔這麼久？

王：一來，我要看看這經驗夠不夠深刻，因為往往你眼前的事你都認為重要，可是往往也是一種誤會，是 exaggeration（誇大）、是歪曲。要經過幾年，經過淘汰、過濾，你才能決定這是不是重要經驗。第二，過了十年以後，你個人也會冷靜得多，你處理這經驗可以避免濫情，不會受偏激的左右。

單：你認為婚姻生活對寫作會有什麼樣的影響？

王：婚姻，的確每個人的情況不同。以我個人來講，它給了我很大的 stability（安穩），如果拿來和獨身相比，我覺得婚姻大有好處，對我的 nerves（心緒）尤其有好處。可是這也要很小心生活才辦得到。比方，我們不生養小孩；假使我們生了小孩，那一定受影響，生活一定受影響。對別人，在婚姻上，我要給什麼勸告，我真不敢講，每一個人的情形不同。但如果別人的要求和我一樣，希望得到 peace（安寧）、happiness（快樂），而如果他也想寫作，那恐怕他還得要像我一樣，做到另一步，就是不增加人口，盡量使生活簡單，這樣有助於達成他所希求的目標。

單：你不認為組織家庭，生養小孩，也是人生中很重要的經驗，

可提供更豐富的寫作素材？

王：這也有可能，但是也可能失之東隅，收之桑榆，連可以下筆的基本環境都得不到。未結婚的人都應該考慮這個問題。

單：有些作家從報紙新聞中可以得到一些寫作的題材，你看報有沒有這方面的收穫？

王：我也碰過一些，但最終都沒有寫成小說，原因就是，都沒有機會輪到。

單：沒有輪到是因為缺乏十年的時間讓你去過濾、讓你去冷靜，還是⋯⋯

王：這也是原因，另外一個原因就是，這些故事成功的可能性，跟我要寫的故事一比，我就會放棄它們。我是個比較主觀的作者，不大善於處理客觀的題材。

單：在你寫的小說中，有沒有哪篇在技巧上讓你特別感到難以處理的？

王：大概沒有。因為我從不嘗試我沒有把握——技巧上使我無法 handle（處理）的故事。比如說，我就很羨慕寫得好的偵探小說，但是我知道我寫不來，所以我從來沒敢寫偵探小說。

單：自己的作品當中，最喜歡哪一篇？

王：我想整體來說沒有，啊，也許可能有哪幾段我自己比較滿意，就是說那幾個 paragraphs，或者那些 passages，是我比較滿意的。

單：你相信靈感這回事嗎？

王：哦，靈感是有，但絕不是坐在書桌上的時候才有，我相信所有的靈感都在書房以外出現。而這也是要捕捉的。所以這樣多的作家才要依靠他的手記、日常日記，就因為這是用來捕捉他靈感的工具。坐在書桌上之後，那就是苦工了，那就不是靈感了。坐到書桌上之後，你做的都是整理靈感，都只是把這些靈感組織起來。簡

王文興於臺灣大學講授小說課程。（國立臺灣大學圖書館提供）

單的說，就是做苦工。一般說的靈感，當然是很愉快的，你不費力，就有了。這也對，的確有，但這是在書房外，困難的是後面的苦工。

閱讀、教書和寫作

單：你寫小說，也教小說，那麼閱讀、教書和寫作三者對你會不會造成衝突？還是三者有相輔相成的效果？

王：在目前看來沒有一點衝突。當然我個人的閱讀與寫作是無法分割的。我如果不閱讀，是絕對也不會有創作，這點是肯定的。至於教學，除了這是我的 income（收入）之外，對寫作也有幫助，那也就是說，等於我課堂上又讀了一遍，教的時候也正是我複讀的時候。課文重讀五六次，也沒有妨礙的。更熟悉當然更好，學習得更多。

單：教書除了有一份收入之外，你喜歡不喜歡這份工作？

王：很喜歡，且不談閱讀的樂趣，就是授業的本身也很愉快，因為經過你的介紹、解釋，學生有了了解，這本身就有一種因為別人了解你而來的快樂存在。

單：是不是還有「別人了解你了解作家」的快樂？

王：的確是。總之，快樂是因為你的貨物推了出去有人買，就是這種很普通的滿足。你推銷一篇小說，你把意思解釋出來，別人accept（接受）。也就是說，你是賣東西的人，而別人肯到你這一家來買，你這買賣就是成功了。而時間久了，你也會覺得，獲得了解之餘，你人生上也還有別的一點小小success（成就），那是什麼？就是有很多教過的學生後來也都登上文學的路，走得也都不錯，算起來，也有十幾個，二十來人，這也有satisfaction（滿足），也算教學的一部分收穫。

單：如果有年輕人想當小說家，你會給他們什麼忠告？

王：第一條就是，一定先要學會看小說。這並不容易。寫作的興趣，我相信從閱讀裡得來。說穿了，創作就是⋯⋯創作就是模仿。是基於一種崇拜心理。好比，你對某人佩服，佩服得不得了，於是引發你想模仿的願望。所以，想成為作家，你先要學會崇拜別人。你怎麼樣崇拜別人，就是要從閱讀下手。懂得閱讀的人才知道崇拜別人，否則的話，他的作品你體會不出好處，看不出優點來。

單：你提到注意觀察與反省。要怎麼培養觀察力？

王：這些都不難，就是說，首先，只要你學會崇拜別人，你的觀察和反省自然而然隨之而來，所以，我還是把reading（閱讀）列為第一優先，有了reading以後，很多事情你自然而然就會有興趣觀察，有興趣反省，你就會非常忙碌了，對四周圍的興趣要躲也躲不掉，不必特意的培養了。

單：除了閱讀跟觀察之外，在寫作方面有沒有什麼建議？

　　王：寫作嘛，任何寫作的理想就是希望做到精確，還有通順。太多的人只求通順，不求精確。我希望初學的人學會倒過來，先求精確，然後再求通順。

　　單：吳魯芹先生有篇文章〈小說死也未？〉（按：收錄於《師友‧文章》，傳記文學出版社，1975 年 12 月），他認為小說的前途相當渺茫。你的看法呢？

　　王：我避免想這問題，想這個問題，我覺得，有點杞人之憂，因為小說要 die out（消逝）也還早得很。如果一定要我想，那倒是我也覺得將來——遙遠的將來，小說滅亡的可能的確頗高。為什麼？這因為小說的發生受到科技的影響，那麼，小說的消滅，恐怕也要受科技的影響，正如今天舞臺劇一樣。舞臺劇即將被電影跟電視消滅了，將來的小說，大概也會被錄影帶、被電視所取代。但是，我同時也相信，小說，跟詩一樣，是永遠不可能完全被取代的，即使讀的人愈來愈少。少數的小說，終究還是能夠存在，我的意思是說，少數人閱讀的小說。那是因為，文字的 charm（魅力）是沒法取代的。不論電視、錄影帶怎麼好，也沒法表達出文字的優美來。

回顧與前瞻

　　單：在你的創作生涯中，能不能劃分出幾個比較重要的階段，例如大學以前，大學時代，大學以後等等？

　　王：我看我的創作跟我的學生生涯都沒有關係，從來沒有說我在哪一間學校念書，結果我的文學教育受到那一間的影響。大概所有的學校對我來說，都只是我寄身的所在、棲身的地方罷了。但是我自己的過程中，倒是有不同的階段，而這些階段應該拿作品的時間來劃分。

　　是我在寫完《玩具手鎗》以後，我發現我的文體，我的中文再也不能像《玩具手鎗》那樣寫下去，所以我中文的文字第一次改變是從〈母親〉開始。從〈母親〉開始，我就在找一條不同的路線，這一條一直走，一直摸索到〈欠缺〉的時候，我就轉到另外一個階段。方向是不變的，但是〈欠缺〉以後我的自信心比較高一點，從〈欠缺〉以後，我就不再問人家說我該不該這樣寫、或者你同不同意我這麼寫；到了〈欠缺〉之後，我就相信我非這麼寫不可。那麼大概是〈欠缺〉之後，固然走到我自認為是正確的方向來，可是還是在不斷演變，那再下一步演變就是《家變》了。從〈欠缺〉到《龍天樓》來說的話，文字一直是一致的，這一段時間的文字的確是〈母親〉的方向，跟〈母親〉的稍有不同，可是還滿接近，都很一致。

　　到了《家變》之後，仍舊這個方向，可是我做了很大的改革。我自認為《家變》以來的文字，就是我當初寫〈母親〉所要追求的目標；我相信我的目標做到了，但是有一個缺點，有一點沒有做到，那就是我沒辦法做到通俗。當時，在我寫〈母親〉的時候，我樹立的一個目標是要做到今天這個地步，然而必須通俗，必須人人都能接受，然而《家變》以來，我沒有做到的就是沒做到通俗。所謂通俗，就是人人都能接受，所以說不定我還要……還會有一次轉變；再有轉變的話，那就是做到通俗的地步。

　　單：回顧以前的作品，心情怎麼樣？

　　王：哦，我想我的心情是逃避，就是我不願意……幾乎將近二十年了我都不看自己的作品。上回出《十五篇小說》的時候，需要先校對一番，校對是挺容易的事，可是我拖了又拖；原因就是我心理上排拒這件事。我不願意重看自己的作品。為什麼不願意重看呢？是覺得它會帶給我很多舊問題，一些 unresolved old problems（沒解決的老問題），這使我徒增很多的 disturbance（困擾），這

種 disturbance 將影響我的生活，影響我現在的創作，我生怕會影響我現在創作的信心。所以就像許多人不願談起往事一樣，我也避免面對過去的舊作。因為，如果我看到自己舊作裡有一句話使我不滿意，這句話就會 haunt（縈擾）我一整天，甚至一星期。我會不斷的想，想怎麼修改這一句話，然後，我覺得後悔都來不及了，它已經印在書上了，已經改不掉了。更苦惱的是，可能，我到現在還不會修改，這句話我依舊無能為力，這些都會給我帶來很大的煩惱。

單：現在是不是每天有固定的寫作時間？

王：現在好像不及以前規則，外頭的雜事比較多。

單：現在的速度還是一天寫一百，還是稍微多一點？

王：沒有，有時候還不到，恐怕我的 peak（顛峰）已經過去了。我擔心 peak 就是一百。最近都只有七、八十，不曉得以後會不會恢復。

單：《背海的人》下冊寫了多少？

王：寫了四分之一，很慢，比上冊寫得還慢。

單：下冊還是這個名字，這個主角，還是酒後？

王：是的，同一個人，另一個夜晚，同樣酒後，形式和上冊完全是平行的。

單：長度呢？

王：長度也平行，也是一整夜的長度。

單：還要寫好幾年吧？

王：起碼。等《背海的人》寫完，大概我都要六十歲了。

單：寫完《背海的人》下冊之後，可不可能回頭再寫中篇或短篇？

王：大概也不大可能。我還有甚多的長篇來不及寫，我是一定

要等到一個地步，等長篇寫得差不多了，我才會回頭再寫中篇、短篇。但是，拿我的慢速度來看，大概不可能了，一定是不可能了。

單：想不想繼續發表有關《聊齋》這方面的文章？

王：很想做。假如我不再創作，我就做這一件事。目前我發現創作力好像降低，所以沒辦法兼顧到《聊齋》。《聊齋》一共有四百多篇，假使每篇都寫一篇分析，會比較有分量。但是這一件工程太浩大。以前我的 ambition（雄心）確實也大。我二十幾歲時以為三十多歲就可以做完《聊齋》，當時覺得不難嘛，一個月寫幾篇──現在，顧到小說就顧不到別的事了。

單：你認為中國最好的短篇小說就是《聊齋》了？

王：我一直沒有懷疑過，到現在也沒懷疑過，始終肯定《聊齋》的崇高價值。

單：訪談已接近尾聲，不知你還有沒有什麼要補充說明的？

王：我只想再強調我自己這一個角色的不重要。十年以來，我愈來愈覺得自己微不足道，跟其他的重要作家比起來。只要一想到詹姆斯（Henry James, 1843-1916），我就知道我多麼微不足道。想想詹姆斯寫了多少好書，隨便一篇短篇小說都寫得那樣好，那樣費工夫，總產量又那樣高，這就足夠使我自己覺得我有多麼不重要。

單：他在語言創新方面比不上你。

王：哪裡話，他是 genius（天才）。晚期的詹姆斯，我根本都不能窺其堂奧，我連了解的資格都沒有。早期的詹姆斯，他幾乎達到我剛才說過我想要達到的理想，就是又精確，又通俗。我每次打開詹姆斯的早期作品，任何一句話，我都佩服得五體投地，我常常想我要花多少個小時，多少天，才磨得出這樣一句話，他大概只是手一揮，一揮而就。

單：你頭先提到海明威也是又精確又通俗。

王：對，可是海明威的數量不及詹姆斯多，好像創作的過程也比詹姆斯辛苦。你看得出他，海明威，是在挖空心思，而詹姆斯卻是像呼吸一樣的容易。

單：可是一般人讀海明威跟詹姆斯，似乎感覺兩人的風格差別很大。

王：他們的方向不同，我想絕不能斷語說詹姆斯及不上海明威。葛林（Graham Greene, 1904-1991）就說過很公平的話，他說，古代的英國作家不談，當然布朗（Thomas Browne, 1605-1682）寫得最好；近代的他只稱讚兩個人寫得好，一個是詹姆斯，一個是德拉美爾（Walter de la Mare, 1873-1956）。德拉美爾我也十分敬佩，可是，我還知道他畢竟可以學，況且他的數量不大，文筆小心翼翼的，可以學得上。詹姆斯的，卻是渾然天成，純乎自然，是沒有辦法學得來的。我提到詹姆斯，是因為他實在遙不可及，所以帶便的提到他，假如說我還要提到別人的話，那還有太多太多，很多都好得我只能遙遙相望，望塵莫及。這就是我十年來愈來愈深的 conviction（信念）。

偶開天眼覷紅塵

時間：2000 年 1 月 20 日
地點：臺灣大學內莫扎特庭園咖啡

前言

　　1999 年臺灣文壇盛事之一，就是《背海的人》下冊出版，距我上次訪問王文興先生，長達十六年之久，當時此書才完成四分之一。這種情景一方面使人驚悚於時光的流逝，另一方面眼見作家的多年堅持，在時光中逐漸成熟、結果，多少也令人心安。這次訪談原先不在我的計畫中，但在誠品《好讀》月報的熱心安排下，我和王先生相約在臺灣大學校園的莫扎特庭園咖啡見面。事先傳真了十三道問題供王先生參考，在兩個小時左右的訪談中，不乏即興的發揮。訪談結束時，王先生認為上次訪談注意到許多細節，此次則範圍更廣，兩者有互補之效。錄音稿謄出後送請過目，王先生在文字上做了一些修訂，少數更動的地方並附上說明，顯示了心思細密、體貼之處。

文學執念與人生限制

　　單德興（以下簡稱**單**）：在我們 1983 年的訪談中，你提到《背海的人》下冊已經完成了四分之一，「等《背海的人》寫完，大概我都要六十歲了。」而這本書下冊於 1999 年，也就是你六十歲時，出版。古人說「十年辛苦不尋常」，然而在你四十多年的創作生涯中，《背海的人》上下冊就花了二十四、五年，超過了一半。在變動益發快速的時代，你是如何能這樣堅持於文學創作？

　　王文興（以下簡稱**王**）：其實，先要聲明一下，我變成這本書的逃兵。當時跟你講的時候，我確實是要寫四本的，但後來把它濃縮成兩本，原因是內容太長了，不如把它節省、縮短。當時我以為寫的速度會比現在要快，殊不知速度慢了很多，所以答應你六十歲

寫完四本的，變成到了六十歲才寫了兩本。

單：一般人很佩服你的堅持，用「長跑選手」或「苦行僧」這類比喻來形容你。能不能談談自己對於文學的信念？

王：長跑選手是讓人佩服的，但我只是個慢走的選手，慢步的選手，這應該是任何人都辦得到的。當然，二十四、五年的時間也不算短，可是如果這二十四、五年的時間我是拿來寫不同的

《背海的人》下，1999年9月，洪範書店。

兩三本書的話，那麼很多人也都辦得到，寫一本書或兩三本書都是在寫作，基本上沒有不同，所以我並不覺得我寫一本書的意志力就一定超過別人寫兩三本書。寫一本書是寫作，寫兩三本書也是寫作。

單：你現在年逾六十了，可說大半生都在從事創作，另外你也提到「一天中想到的都跟寫作有關」，這種說法使人聯想到修行中所謂的「念念不忘」這種心志的集中、專一。能不能談談你的文學觀或文學與人生的關係？

王：其實這種 obsession（執念）也不是一件辛苦的事情，實在說一點也不 laudable、不值得稱道，就像有的婦女喜歡打扮，一輩子都喜歡打扮，你問她這種 obsession 是不是很辛苦，她並不覺得辛苦。其實我的興趣不只是文學而已，而是像很多人一樣，有很多的興趣，可是我需要集中在文學上，原因就是人生時間有限，如果我

樣樣進行的話，恐怕所知和收穫就會更少，所以專門、專心的來源完全是在於避免浪費時間，希望能有效利用時間，所以才會專心於一種的追尋、一種的追求。

單：那你覺得這樣專注於文學，是限制你在人生中的其他追求，還是因為專一於文學使得你用這個角度來看人生而更形豐富？

王：我覺得是我人生的限制，如果人生有五百年、一千年的話，那才能充分發展，說實在話，我常常覺得五百年用來研究文學都不夠，所以我也覺得很可惜，沒有時間投入其他的研究。就像剛才講的，就是文學這條路也都所知有限，許多許多的範圍都沒辦法深入。

文學與宗教的關係

單：雖然你謙稱自己這種 obsession 算不得什麼，但對一般人來說，現在社會轉變快速，你對文學的這種投入類似宗教的情操，而你自己後來又信奉天主教，請問你的宗教觀，或你心目中文學與宗教的關係。

王：在我看來，宗教與文學在知性上是溝通的，神學家的思考都是最好的詩篇、文學。再來，宗教對我的文學的追尋上，在專業上也沒有影響，反而啟示我，世間的一切榮辱都是不重要的，也就是說，使我看淡了人間所有的榮辱，這不但與文學的追尋不會有衝突，反而會有良好的影響。

單：你說神學家的思考都是最好的詩篇，能不能舉些具體的例子？

王：比如說，德國神學家 Meister Eckhart（艾科哈特）說：「我看上帝的眼睛，就是上帝看我的眼睛。」這句話在文學的角度看來是相當高明的一句話。就像王國維寫天上的月亮的詞中說：「試上

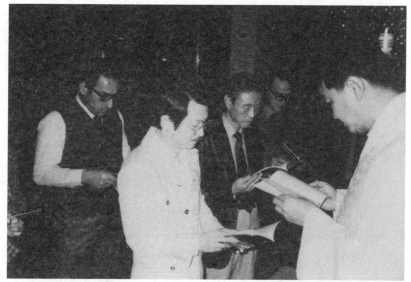

1985年，王文興（中排左一）於臺北古亭天主堂領洗。（國立臺灣大學圖書館提供）

高峰窺皓月，偶開天眼覷紅塵，可憐身是眼中人。」兩者有接近的
地方。神學家隨隨便便的一句話根本就是詩人的思考。

單：你在其他地方提到閱讀時說：「最好有如禪修的狀態去閱
讀」。

王：這很有意思，你是在什麼地方看到這句話的？我看我的記
憶力很差，我以為昨天晚上才剛想出來的，事實上已經講過了。

單：這是你接受成英姝訪問時所說的（〈融會貫通的模仿〉，《中
國時報・人間副刊》，1999 年 11 月 20 日）。你用禪修來形容閱讀，
這既牽涉到閱讀，又牽涉到宗教態度或人生態度。你昨天也想到這
句話，為什麼？

王：閱讀幾乎是一種靜坐。假如以後的人在心靈上還需要靜坐
的話，就不可能放棄閱讀的經驗，因為閱讀所得到的心靈境界應該

跟靜坐差不多，過程一樣，結果也一樣。而這種心靈靜坐的經驗，是看電影、看繪畫或聽音樂都不能達到的。因為看電影的經驗沒有禪修的寧靜，連聽交響樂也一樣，不可能達到閱讀時的安靜。這就是定而後能靜，靜而後能安，這個過程好像只有閱讀可以提供。所以，我昨天想的是另外一個方向，是從功能上來想，覺得閱讀是禪修，以往可能是從它的 efforts（努力）來看。

　　單：雖然文學是你專注的對象，但你的興趣廣泛，包括繪畫、音樂、書法（如近作〈今日美語〉討論的就是書法〔按：此文刊登於 1999 年 11 月 18-19 日《中國時報》第三十七版〕）等等，能不能談談你的美學觀？你的興趣這麼廣泛，有沒有什麼獨特的一以貫之的方式？

　　王：我想我所有的興趣，假如不是在美學的圓圈裡打轉，一定也是在思想、文化的圓圈裡打轉，出不了這兩方面的興趣，尤其在美學的範圍內打轉的更多，那是因為藝、文是相同的，都屬於美學的範圍。這種興趣完全是沒有目的的，我並沒有想到今天我研究書法最後的目標是為了文學，從來沒有這種功利的想法，但也會感覺到它們是互相溝通的；這不是我的目標，但我隨時會看出它們之間的聯繫。

　　比方說，就我所看到的書法，現在我認為日本的書法世界第一，甚至於超過了中國的書法，就因為日本的草書在我看來達到了最高的 harmony（和諧）和 unity（統一）的境界，這兩個理想雖然不能說影響我的文學觀，但和我的文學觀完全符合。因為我的文學觀，不管詩也好、小說也好，在文體上、在 language style（語言風格）上最高的要求就是達到像日本草書一樣的和諧和統一，何況在文學的結構啦、描寫啦、情節啦，其他各部門我都有相同的要求，認為這是最高的理想。從這種想法就可以看出來，我覺得書法跟文學是

溝通的，而且早在我看日本書法之前，在看繪畫時就已經有這種想法了。當我看了一些繪畫，最後看到了馬蒂思（Henri Matisse, 1869-1954）的素描和剪紙時，我就有這種想法，認為藝術的最高目標是和諧和統一。當時我就覺得馬蒂思的藝術的目標跟我個人的文學的目標是符合的，然後我看到三百年前的日本草書時，也就出現了同樣的想法，所以又看出了東方的藝術和西方的藝術、古代的藝術和現代的藝術跟文學是一致的，是一個 family（家族）。這些證明我原先的目標不是為文學而研究，並沒有功利的企圖，而是希望看出文化的基本結構，而這個基本結構是在 govern（掌理）一切的文化，包括藝術。從多方面的興趣比較容易看出許多不同文化的基本結構。

創作的要求：信、達、雅

單：既然你提到最高的理想是和諧和統一，或許這可以引到下一個問題，也就是你的文字觀與風格觀，因為你身為文學創作者，就是希望以文字來達成和諧和統一的那種最高目標。在這種情況下，能不能談談一方面自己在這個過程中如何逼近那個目標，另一方面與它的距離有多遠？

王：我這個目標可能借別人的話可以講得更清楚。福樓拜對寫作的語言有下列的說法：寫作的語言中的每一個字與其他字應該相同而又不同，就像一棵樹上的樹葉，每一張樹葉都一樣也都不一樣。他的目標大約也就是和諧跟統一。我個人的文字幾十年來也是朝這個方向努力，只是在過程中會有很大的 tension（張力），很大的衝突，原因就是你想要達到這個目標，卻有個相反的力量，也就是除了文字的要求之外，還有內容的要求。這個內容的要求經常是與文

字的要求起強大的衝突。好的作家能克服這個衝突，我個人也覺得所有的掙扎都在於克服兩者的衝突上，沒有達到的地方實在是有時覺得力有未逮，或者覺得這種克服是勉強的克服、費力的克服，我們要做到的應該是不費力的克服，一種 effortless victory（不費力的勝利）。

單：一般讀者覺得你的文字很特別，你也用上了許多不同的比喻來形容自己的文字：比方說音樂的比喻（每一個字就像交響樂中的音符一樣，一個都不能少），或者圖畫的比喻（在織錦中錯一針都不行），或者書法的比喻（寫錯了、寫壞了就不能重描）。你為什麼用上這麼多比喻來形容你的文字、來說明你對文字的要求？

王：我用這些比喻，有些是強調每一個字都重要，另外一些是在強調自然、spontaneity（自發）的重要，這些重要性都是該有的、並存的，但說到後來其實還有一樣比統一、和諧更重要的，那就是：priority（優先順序）還是在 clarity（清楚）上，要清楚地傳達 message（訊息）。所以在統一、和諧之外的更高要求就是：意思要能明白的傳達。說老實話，如果不能兼顧，我寧可選擇意思的傳達。這個事實上就是「信、達、雅」三個字。我認為「信」最重要，可以說我所有的文字的特殊，首先的要求是信實，而文字的特殊，當然，有時也有其他的理由，那就是剛才說的統一、和諧的要求。我也知道文字如果放棄這些特殊的話，可能更容易達到和諧和統一，但那可能反而會犧牲別的，因為束手縛腳而犧牲了更重要的。舉例來說，布雷克（William Blake, 1757-1827）的詩 "The Tyger"（〈老虎〉）："Tyger! Tyger! burning bright / In the forests of the night"。它沒有特殊的文字，都是最自然、簡單的字。這首詩確實可以認定到達了和諧、統一的要求，可是我相信布雷克這樣的寫法牽就了簡單的文字，向簡單的文字低頭，我相信他心裡所要表達的絕不只是這

首詩所寫的。雖然我們已經覺得夠完美了，但如果他想進一步表達他的主題、內容的話，這首詩的現狀並不 adequate（足夠），恐怕文字要另有安排，甚至要全部更換。

可見一般性的語言是受到限制的語言，當我們看布雷克這樣寫的時候，再回過頭來看比他自由的語言，如狄倫‧湯瑪思（Dylan Thomas, 1914-1953）或摩爾（Marianne Moore, 1887-1972），很多人搖頭，認為這是 difficult（艱澀）的語言，其實細讀的話，就會覺得這樣的語言可以表達得更深入、更多，而且非如此不可，像湯瑪思就需要一種 anarchic、看起來好像是無政府狀態般的語言。

單：你用上「信、達、雅」的字眼，我覺得很有趣，因為這三個字是嚴復用來形容翻譯的。這可能牽連到幾個問題：第一，用「信、達、雅」來形容寫作，是不是寫作和翻譯有類似的地方？寫作是不是將內心的感受、影像……翻譯成文字？

王：一點都沒錯，寫作確實就是翻譯。

單：能不能稍加引申，或以創作中的實例來說明？

王：拿翻譯來講更容易了解創作的過程。任何人都有翻譯的經驗，一句話常常會翻來覆去找不到適當的文字來表達，這種翻來覆去的艱苦也就是創作時尋字覓句的艱苦，兩者沒有任何不同。

單：另外，論者常說翻譯是 serving two masters（服侍兩個主人），因為原文（source language）在那裡，而你要翻譯成另一種語言（target language）。在這方面，創作者是不是享有更大的自由，因為他基本上是用一種語言把心裡的東西翻譯出來？

王：你說的固然對，但翻譯有一點比創作容易些，也就是原作的 picture（圖像）已經很肯定了，省掉了再去 clarify your mental picture（澄清心理圖像）的過程；創作本身上最艱難的是如何捕捉、crystallize（明確）、固定這種心理圖像的過程。比較上看來，創作、

翻譯難易各有不同,但說不定艱苦是相等的。

單:所以就創作來講,你的文字是要使它明確,或者說,使它顯影得更清晰。但文字本身有很多的聯想,會不會在試著使它顯影得更清晰的過程中,文字反而造成障礙,結果更模糊了?

王:經常有,經常有,這也是為什麼要花那麼多時間在選擇上。文字最後落到理想、合理的上頭之前,會有很多錯誤的實驗。錯誤的實驗大概不出兩個類別,一種是 drowsy effect(昏沉的效應),選的字因為不夠鮮明,使讀者的 sensibility(感受)有如吃了安眠藥般的遲鈍,沒有感覺,這是常犯的錯誤,在選字時多選了一些 cliché(陳腔濫調)就會產生這種後果。相反的,另一種文字是 unique 的(獨特的),但產生了 unfamiliar(不熟悉)的效果,這樣也不好,因為陌生,你寫什麼讀者也認不得了。簡單地說,太熟、太生都不好。

單:再回到剛剛談的「信、達、雅」。「雅」這個字,尤其對《背海的人》的讀者來說,上、下冊開頭的那段文字可能是最不雅的,還是你對「雅」有獨特的定義?

王:「雅」是有另外的定義。「雅」不在道德上的雅不雅,而是文字有沒有落入 vulgarity(庸俗);就和諧、統一而言,應屬於和諧的範圍。一個字出現在前後文裡,假如音調不和諧便不雅。假如拿《背海的人》上下冊的 opening(開頭)來看的話,我會避免在音樂上犯這個毛病,說不定這兩段 obscenity(猥褻的話語)在語調上是要求可以朗誦的,也就是寫這兩段最終的目標是 parody(模擬,又譯「嘲傲」)或 mock parody(反模擬),模擬的對象反而是唯美的五代詞、宋詞裡的長令,我這樣寫只是想在這個 model(模式)上有一個相反的 parody。這可能是剛才所說這兩段多種作用中的一種,而這一種完全是美學形式上的嘗試。

單：你剛剛是從音樂性來談和諧，此外有沒有視覺上的和諧？全書中用上了黑體字、大字、粗線、細線、圓點、空白、注音符號、英文，甚至創字等等，除了聽覺上的效果之外，是不是還有視覺上的效果？

王：有的，是有的，而且視覺的和諧要求是相同的。瑟柏（James Thurber, 1894-1961）說作家有兩種，一種是 ear-writer（耳作家），一種是 eye-writer（目作家）。在我看來其實只有一種，既是 ear-writer，又是 eye-writer。早期的瑟柏 eye-writer 的傾向很明顯，到晚年則自稱是 ear-writer。我讀他晚年的散文覺得很辛苦，就像他自己講的，你應該用念的、用耳朵來聽，不該用目視。所以，理想的情況是兼顧。毛姆（Somerset Maugham, 1874-1965）則強調耳目同等重要。

單：瑟柏後來的主張跟他眼睛不好有沒有關係？

王：有可能。他和另一位阿根廷作家波赫士（Jorge Luis Borges, 1899-1986）可能是一樣的情形。波赫士眼睛不好，到晚年變成完全是用口錄的作家，他說用了口錄後自由多了，liberated（解放了），因為 eye-writer 的限制很大，很辛苦，左看不對，右看不對，他認為這個解放對他有好處。福樓拜後來好像也有這種解放，他說能照著音調來寫作是很大的自由，很大的 relief（解脫）。

三位一體：思考、閱讀、創作

單：你的文字經過錘鍊的過程，我用「錘鍊」這兩個字是因為你的創作歷經很獨特的錘字、鍊字的創作方式。你現在依然是用敲打的方式嗎？為什麼？

王：應該還是。動作也只是一種 appendage，附帶，可能心裡

的 hammering（錘打）太強烈了，手腳也附帶地配合，所以外在動作只是心理動作的搭配。

單：觀察、體驗、閱讀、模仿、創作——這五者的關係如何？

王：這五點其實可以歸納成思考、閱讀、創作三種。思考、閱讀、創作在我看來是 trinity、三位一體，缺一不可，互相生育的，互相 engender（生成）。思考、讀書的 outlet（出路）就會走到創作上；反過來也是一樣，創作的出路便是想讀許多的書、思考許多的問題。

單：這是不是也說明了為什麼你寫了上百萬言的手記？

王：應該是。這些手記都是在 obligatory 的情態下寫的，非寫不可的，是屬於思考的範圍，就好像 trinity 中三者都是不得不也，非如此不可。個人手記非寫不可，閱讀也是非讀不可。我有時很怕旅行，因為閱讀的過程要 suspend（暫停），旅行不影響我的思考，在旅行時我還寫手記，但閱讀會暫停。然而對我來說閱讀是非辦不可的 urge（驅策）、lust（欲望），所以 suppression（壓抑）是很難過的。剩下來的 writing（寫作）也一樣，如果這本書、這篇文字真的要寫，任何 enforced（強迫的）壓抑都是相當大的 abuse（濫用），都會造成自己莫大的傷害。

單：你要如何定位手記？除了思考之外，它跟閱讀、創作也不可分。

王：你這樣講是對的。如果要這樣看的話，就寫作而言手記有如 short essays（短文），一句語錄體的話有如 one-paragraph essay（一段式的小品）。手記這種文體中外個別發展，而且都發展得很成熟。在西方最好的語錄體就是巴斯噶（Blaise Pascal, 1623-1662）的 *Pensées*（《沉思錄》），其中以哲學家發展的語錄體最多了，亞里斯多德（Aristotle，紀元前 384-322）就常寫，近代的是懷海德（Alfred North Whitehead, 1861-1947）、海德格（Martin Heidegger,

1889-1976）、尼采（Friedrich Wilhelm Nietzsche, 1844-1900），只要不是系統性的哲學家，他們的 writings 或 sayings（格言）都是語錄體。中國也一樣，自古以來，中國文化的精華都在語錄體上。六經，乃至所有經典，連醫書、兵法也是語錄體。語錄體，簡單來講，就是極短的散文。這種體我稱為「二十字句」，基本上是短句，平均一句話二十個字左右，也有一頁長的變體。

《玩具手鎗》，1970年10月，志文出版社。

單：你的手記從早期新潮叢書《玩具手鎗》（初版於 1970 年）中所收錄的，到最近的〈今口美語〉，歷經數十年，你會如何期盼讀者來讀你的手記？與創作的關係如何？

王：我希望讀者能以獨立的文體來看待手記，完全不看成只是創作的研究資料，而是要當成是隨筆，是完全獨立的隨筆。

單：你的手記寫了那麼多，為什麼發表的那麼少？

王：發表都是為了還債時弄出來應對的，因此大概是還債的時候並不多。假如全盤整理，要花太多的時間，是個大問題。有一位朋友來信說他想做整理的工作，把所有發表的、未發表的，全部印出來。已經發表的个難整理，至於未發表的，我的 hand-writing（筆跡）比較潦草，要很久才看得來，所以也不是一件容易的工作，而且這種工作要申請 foundation（基金會）的補助也有困難。

家庭背景與時代限制

單：你很少談自己的家世、家庭背景。前面你以嚴復的「信、達、雅」來說明文學創作。其實，清末民初的嚴復是令祖父王壽昌的摯交，而令祖父與林紓合譯的《巴黎茶花女遺事》是林譯的第一部作品（也是兩人唯一的合譯），因為廣為流行林紓才接二連三與人合譯出一百七八十部的作品，大大改變了時人對小說的看法、對外國的觀感。能不能談談你的家庭背景，以及對你從事文學的影響？

王：只能這麼講，現在我回顧我的過去，很驚訝為什麼家人從未反對我走上 literary pursuit（文學追索）這條路，以當年臺灣的 atmosphere（氣氛）來講，每一家都希望兒女考大學時要選擇甲組，考理工才可以，而且我（師大）附中那一班裡面，幾乎全都是甲組的學生。為什麼我例外？當時我願意這麼選擇，為什麼我家庭沒有提出任何反對，這是我幾十年來百思不解的地方。那麼現在我想通的話，只能說是與傳統有關係。我父母認為既然我的 parentage（家世）、我的祖父接受這條路，他們也就不輕易反對這條路。我祖父是很奇特的 combination（組合），他是一個接受 engineer training（工程師訓練）的科學家，但至少在退休之後完全放棄科技，寫舊詩、寫散文。我看過一些，量不多，但質不錯，尤其他的 essay、prose 在古文裡相當好。我的七姑（王真）是福州的中學國文教員，是福州城裡數一數二的詩人，一手漂亮的小楷近代無人能比。可能是這個原因——我的祖父、七姑在這方面的興趣——使我父母沒有提出任何反對，沒有要你考慮你將來的前途、收入，或者他們養老的問題，事實上他們很需要錢，但沒有給我任何壓力。這是我可以想到的家庭背景對我比較正面的影響。

單：一般人把你的創作歸到「現代主義」。你對「現代主義」

此一稱號有何看法？它中肯的程度如何？

　　王：就我創作的性質來看，可以歸到現代主義的範圍內，但就我讀者的立場來講，應不只限於現代主義。拿我讀者的立場來看，現代主義的重要性跟歷代文學是相等的。比方說，我絕不認為任何現代小說可能比奧絲汀（Jane Austen, 1775-1817）的 *Pride and Prejudice*（《傲慢與偏見》）寫得更好，雖然沒有人認為《傲慢與偏見》是現代主義。就像畢卡索（Pablo Picasso, 1881-1973），畫的是現代畫，但是不薄今人愛古人，對各種繪畫他都有狂熱的愛好、喜好，連對非洲的部落藝術都非常熱中，更不用說一些古代的大師。從達文西（Leonardo da Vinci, 1452-1519）開始，每一位繪畫大師都是畢卡索尊敬的老師。當畢卡索是 art critic（藝評家）時，不會獨獨偏愛現代藝術。

　　單：回想你剛開始創作時所處的臺灣那種環境，一則有三○年代中國文學的斷層，二則在白色恐怖下不可能創作社會寫實文學來挖掘周遭的黑暗面，三則官方的反共文學或文宣也不可取，四則其他風花雪月、武俠神怪的創作也不可行。你是不是在種種看不上眼或背離的狀態下找出這條路來？

　　王：的確，就因為種種限制與缺點，所以我選擇了外文系。按理若對文學感興趣，我應該投考中文系，但因為有這麼多時代的限制，尤其是 reading matters（閱讀材料）的缺乏，使我不得不接受、依賴西方文學，作為一扇閱讀的窗口。我覺得一般人過於強調政治的壓力，而疏忽了文學作品短少的壓力。文學作品的貧乏所造成的災害千百倍於政治壓力，因為政治壓力在中西自古便存在——唐宋為文學盛世，也是有政治壓力。那時怎敢寫朝廷？怎敢批評帝王？可見政治壓力都存在，但不嚴重；嚴重的是文學讀物的缺乏，尤其是小說。中國小說的成就非常貧乏，開始得也太晚，可讀的經典少

之又少，這才是我們臺灣在 1949 年以來文學創作的致命傷，補救之道只有依賴西方文學，就像唐朝佛教，只好向西方取經。

　　單：由於你創作態度的嚴謹和作品主題（如命運）的凝重，一般人看你的作品大抵著重於它的嚴肅面。其實你文字中也有幽默的成分，包括最近手記〈今日美語〉的題目在內（標題讓人以為談的是「美國英語」，其實是有關「美學的觀察」）。有沒有人談過你幽默的一面？

　　王：這問題很好。我實在不懂，為什麼一般讀者要把我的寫作看得那麼 humorless（沒有幽默）。最早願意閱讀《背海的人》的幾位讀者，都是因為看了之後覺得好笑，才願意讀的。第一位是顏元叔，他就說這本書可以引起他的 roaring laughter（暴笑）他才讀，這個方向是很對的。第二位是 Edward Gunn（耿德華），最近紀錄影片裡訪問他，他就說當時他為什麼讀《背海的人》。也許他對《家變》沒有什麼 reaction（反應），但他到臺灣來時，偶然在書店買了一本《背海的人》，晚上在旅館讀了就笑了，一路覺得很好笑，他才讀下去。這些反應都是 healthy 的（健康的）。在我看，《背海的人》是 comedy（喜劇），或者頂多是 tragicomedy（悲喜劇），不會缺少喜劇的成分。就算任何讀者在這本書裡沒有看出任何其他人生的解釋，只要覺得這書 comical，那大概已經找到這本書的重點。

　　單：你對自己創作的人物的感情如何？例如你很熟悉《背海的人》的主角「齊必忠」（人名在書中並未出現，但見於 1983 年的訪談中），一塊生活了二十多年，到最後他去世──你安排結束他的生命──你有何感受？

　　王：相處了二十多年，「齊必忠」真的變成一個有血有肉的人，我對他很熟，好像他是我 closest acquaintance（最熟識的人），至於結束生命則沒有特別的感受，只是 separation（分離），如同送人出

國，沒有任何 sentimental sorrow（感傷的悲哀）在內。只可惜我把他 terminate（終結）了，讓他沒有「下文」了。萬一我實在找不到下一本書的故事，我可能想辦法再 revive 他（使他復活），那就只好寫 prequel（前篇）了。

對年輕創作者的建議

單：你覺得當今的文壇情況如何？

王：我覺得年輕一代對文學、藝術的容納度、容納量都比從前要好，以往是既狹隘、頑固又保守。這個改善在於這一代年輕人 exposure（接觸）的機會增加了許多。拿電影藝術來說，年輕一代能看到好電影的機會比上一代多了十倍、百倍，能看到名畫的機會也比從前多了十倍、百倍，能聽到好音樂的機會，因為錄音帶、CD、唱片種種的推廣，生活的改善普遍使兒童從小就有種種學琴的訓練，也使他們對音樂的接觸多了十倍、百倍。文學也一樣，現在年輕人英文閱讀能力比從前好太多了，這一定會增加直接閱讀西洋文學的機會，一定遠比從前多。所以普遍來說，文藝鑑賞的水準超過從前。

單：這種接觸機會的增多，再加上視覺文化的風行、多媒體的出現、網際網路的興起，會不會搶走小說的讀者？

王：我相信是會搶走，但是功過都有。網路、CD 的流行對影視的藝術有幫助，對音樂、戲劇很有幫助，這是它們的功勞，但缺點是像你所說的，必然減少一般人閱讀的時間，文字的閱讀只能期待各人學文學系的學生了，不管說什麼他們還是要依賴文字。因為大學的增加，學生人數也持續增多，所以也不會完全是悲觀的。這就延續剛才所講的，靜坐的問題。逐漸地，走上文字這條路的人更

不會放棄文字，因為文字的閱讀尤其可以滿足現代生活上心靈的需要。因為文字閱讀等於是一種靜坐，可能是比靜坐更 rewarding（有收穫）的靜坐。因為 physical（身體）的靜坐只有當時的滿意，文字的閱讀則有更長遠的收穫。所以，我不相信文字會被電腦取代——電腦不可能取代文字，就像攝影不可能取代繪畫。

單：對有心從事文學創作的青年，你有什麼建議或忠告？

王：創作的基礎都在閱讀。我對大家的建議是：創作的基礎是閱讀，先要訓練成一個理想的，不，合格的讀者，最要緊。嚴格來講，現在的讀者百分之八、九十恐怕都不合格，需要嚴格的訓練，但是只要是合格的讀者就已經學到所有創作的知識、常識，而且除了閱讀，沒有第二條路可走。上 workshop（工作坊）只能隔靴搔癢，別人講別人的，你沒有切身的閱讀經驗，那根本不會有收穫。有志於此的作者必須從閱讀開始。我必須強調，閱讀是很辛苦的過程，沒有取巧的可能。千萬不要以為創作有捷徑，一定是一塊磚頭、一塊磚頭疊上去的。寫作是世上最花時間的工作。美術的閱讀時間很短，一張畫看五分鐘已經看了很多，只有文學的閱讀最花時間。

單：你心目中合格的讀者，對別人來講，恐怕是很嚴格的要求。學院批評家同樣強調閱讀很辛苦。你對「合格的讀者」的定義與一般批評家的定義有何不同？

王：就西方的標準來講，他們的大學教員都合格，好的批評家更不用說。從我們本地的訓練來說，各大學的訓練不相同，不能一概而論哪些人是合格的，但有一個測量的標準，就像糖尿病不必要到醫院裡去檢查，自己買張試紙檢測就可以了：詩也好，戲劇也好，小說也好，每一句都下 judgment（判斷）的讀者應該就是合格的讀者，也就是 a critic for each sentence（句句批評的人）應該就是合格的批評家。是的，我建議一句一判斷，one sentence one sentence（按：

王先生在 2000 年 2 月 20 日致訪者的信中指出，「第二個 sentence
是判決的意思」）。

重讀一些「讀錯」的作品

　　單：你為《背海的人》下冊所寫的前言中提到，最近比較有時
間閱讀，在重讀一些作品時才發現從前讀錯了。其實，你從前也是
很認真在讀，一字一句都下判斷，難道就白讀了？還是你要求太高
了？

　　王：以往讀錯的不少，但其中也有不需要重讀的部分。我現在
重讀的作品是以往詳讀但失敗了幾次的書；幸運的是，有的可以救
回來。凡以往已經得到滿意感覺的，就不必重讀，像莫泊桑、海明
威這樣的作家，就不必再讀。好在，好在不是滿盤皆輸，不是全面
破產。

　　單：我好奇的是：你重讀救了哪幾位？是怎麼救的？

　　王：第一是 *The Brothers Karamazov*（《卡拉馬助夫兄弟們》）
的英譯本，我讀的是同一個譯本，嘉內特（Constance Garnett）翻譯
的，一直到第四次閱讀，才救了回來，前後延續了三十年之久。這
是一個例子。再來是奧絲汀的《傲慢與偏見》，第三次才救回來。
奇怪，她的 *Emma*（《艾瑪》）我第一次就看懂，但《傲慢與偏見》
不行。好像 Clifton Fadiman（費迪曼）也有這個困難，他在 *The
Lifetime Reading Plan*（《一生的讀書計畫》）一書裡，寫到奧絲汀
時，就有點勉強，一直說我看還是《艾瑪》比較好，《傲慢與偏見》
也很好，兩本都很好，對《傲慢與偏見》顯然是打了折扣。我呢，
今天我對《傲慢與偏見》不會打折扣了，而且認為它遠比《艾瑪》
要好。但是，也有救不回的，像 *Moby Dick*（《白鯨記》或譯《莫

比敵》），我只有部分救了回來。我閱讀了三次，都失敗了。現在第四次，我還沒有從頭開始，只選擇其中的部分，倒過來讀，就是從最後的幾章開始。

單：追捕鯨魚的那一部分？

王：是的，三天的 chase（追捕），這一部分很好、很滿意，算是救回來了。將來我預備重頭再讀一遍。也有完全救不回的，如 *Wuthering Heights*（《咆哮山莊》），讀了三次都沒救回，而且我已能肯定這是一本拙劣的書，我現在有把握認為這是一本寫得奇糟的書。

單：你主張閱讀每部作品時要能看出字與字、句與句之間的關係。可不可能你現在閱讀時，看到字句之間的關係不是那麼密切，所以認為不好，但下次閱讀時可以看出當中的關係，而救了回來？

王：當然，也是可能。我閱讀的方法都一樣，以句為單位，一句一停，可能停十分鐘、十五分鐘、半小時。前後之所以不同，可能是我個人的 competence（能力）不同。可能以往還是 incompetent（能力不足），或興趣較偏。我想我從前基本的興趣都以福樓拜的 realism（寫實主義）當標準，當它是一個 ruler（一把尺），不符合的就不接受，這是很大的偏見。以後我又有了其他的 rulers。奧絲汀就是證明，老是用福樓拜的寫法看奧絲汀，當然是看不出好來的。

單：後來是以什麼尺度來看？

王：看她，常常是以 stage play（舞臺劇）的尺度來看。奧絲汀基本上是個 playwright（劇作家），尤其是，在她 comedy of manners（世情喜劇）的傑作裡。

閱讀的結果前後不同是我個人的能力不同，但 attention（專注）倒是相等的。

單：你一向強調文學向西方取經，要讀原文本，但剛才你提到

閱讀《卡拉馬助夫兄弟們》，其實已經是翻譯本了，這和閱讀原文的要求是否有出入？

王：只能說英譯比中譯接近一點，因為中譯，即使是俄國文學，也還多半是由英譯而來，等於翻譯的再翻譯，只是 cousin、遠表，連 brother（兄弟）都說不上。以我的語文能力，當然還是英美文學才是真正的原文，可以品評原文的優點。至於歐陸文學的話，我幾乎認為英譯本對中國人來說可以算是 original（原文）了。因為英譯的水準相當高，一再篩選、淘汰的結果，今天公認的好譯本也只有那麼幾本，所以比較可靠。這是不得已，在無法閱讀歐洲語文的情況下，歐洲文學只得依賴英文版——好在英美各大學也有這個現象。當他們開授歐洲文學課程時，就是英文系，開這樣的課的話，所用的課本也是相同的英文選本；一讀卡夫卡就用繆爾（Edwin Muir）的譯本；一讀俄國文學，就是嘉內特。也是由於這個原因，讓我們覺得這些翻譯的可信度相當的高。

書裡書外的人生

單：是不是找到了下一部書的故事？何時開始動筆？

王：Unfortunately（不幸的是），確實還沒找到。這是我非常擔心的一點。實在沒有的話只好回過頭再寫《背海的人》，sequel（續篇）不可能了，必須寫 prequel，那就可能履行了當初對你的諾言，朝四本的目標進行。

單：一本書寫了那麼久的時間，而在這段期間人生閱歷非常多，尤其進入中壯年這個階段，會不會有不同的領會？一部作品寫那麼久，風格會不會轉變？

王：風格恐怕沒有改變，因為我最注意的也是 style 的

continuity（風格的延續），但 aptness、熟練度是有不同。至於人生閱歷，就算有不同，幾十年的變化也並未反映在《背海的人》裡，也就是說，並未違反當初的設計，而是按原來的 blueprint（藍圖）來寫，連 details（細節）都是原定的，所以寫下來跟原來的 design（設計）並無不同，並無改變。

奇怪的是，書裡的人生沒有什麼不同，我覺得書外的人生也沒有什麼不同。我不知道別人是否也一樣，我常忘了我的年紀，我總覺得我大概還只二十歲的人。這樣看來，可見我並沒有累積四十年的經驗，四十年的 living experience（生活經驗）並未 enrich（豐富）我的人生觀點，頂多只有量的堆積，在質上，我看不出我有任何改進。所以，你看年齡的經驗，有用嗎？

單：當然你是以比較批判的方式看待自己，另一個可能是因為你一直維持年輕時的敏感、好奇，不像有些人年紀大了之後比較遲鈍。

王：I still wonder（我還是懷疑）。我的情況像所有的老人一樣，不會覺得有多少的真悟，只有數量的增加。若感受會降低的話，那純粹因為生病，但一個健康的老人，他的感受大約也不會退步，反而應當更敏銳。我常常看見八、九十歲的人每天都生氣，一句無關緊要的話要氣上幾天，可見他們並不遲鈍。

關於訪談、影片與錄音

單：你接受過各式各樣的 interview（訪談），你對訪談的看法如何？它的本質與作用如何？

王：Interview 是一種 shop talk（行話），對同行應該頗有幫助。在對話中講的都是一些專業的話題，而且偏向於 skill（技巧），

不是作品的 analysis（分析），而是作品背後的工作的討論。這種 shop talk 同行都會很感興趣。就我個人來講，不但樂意閱讀其他作家的訪談，也樂意讀 artist（藝術家）的——像是畫家、建築師、音樂家，雖然不是我的本行，甚至包括科學家的，我也喜歡。為什麼連科學家的也喜歡，我自己也不了解，大概因為讀了可以避免 loneliness（寂寞），覺得他的工作跟自己一樣，都是花時間的，都是個人的，都是 solitary（孤獨）的工作，大家是同類型的人，閱讀時可以得到不少 encouragement（鼓勵），減少 loneliness。

我首先要讀的是作家的訪談，但也擴充到其他的 professions（行業）。藝術家的訪談我是一定讀的，連同科學家的我也讀，我也喜歡讀軍人、將軍的訪談，換言之，除了作家之外，也擴及其他的行業。

單：最近不只一家電視臺在做作家的系列專集，你也接受他們的訪談。你對於電視或媒體的呈現（representation）有何感受？與純文字的呈現有何不同？

王：實在說，我比較喜歡文字的 interview。有聲音、畫面的訪談只能說對 viewer（觀者）的 curiosity（好奇心）有些滿足的作用。其實每一個 viewer 都是 voyeur（偷窺者），都有 voyeurism（偷窺）的要求，自有攝影以來便如此。為什麼平常文字的訪談要加上 photo（照片），也是這個理由，現今的電影、電視只是更進一步而已。Interview 本身如果有用，還在其內容，在 shop talk 的經驗談的內容上，文字已經綽綽有餘了。除非你是一個 writer（作者），又是一個很好的 actor（演員），別人聽到你的聲音、看到你的表情時，也有文字以外的收穫。當然，今天如果我有機會看到狄倫‧湯瑪思的影片，我會樂意去看，因為誰都知道他是最好的電臺播音員。相對的，如果莎士比亞（William Shakespeare, 1564-1616）有錄影帶留存

1990年，王文興攝於臺灣
大學校園。（文訊・文藝
資料研究及服務中心）

下來，人人也會搶著看，因為莎士比亞也是個演員。

此外，錄音對朗誦是有幫助的，在訪談之外如果詩人能朗誦自己或他人的作品──聲音是有用的，因為他的聲音是更直接、更有效的 interpretation（詮釋）。讀他的詩時要看他自己怎麼讀才是理想的讀法。

身為作家……

單：前面你提到畢卡索的不同角色，我也可以看出你的不同角色：讀者、教師、作者、批評家、引介者。能不能談談這五個角色的關係？

王：這五個角色是 closely related（密切相關）的，可以 coordinate（彼此協調）。像我這樣的人，幾乎可以說是 modern age

（現代）的 typical product（典型產物）。在英國，百分之九十的作家是 academician（學術界的人），經常一人是專業的作家，也是教授、譯者、編輯、cultural critic（文化批評家）；即使在寫作上，也扮演不同的角色，既寫詩，又寫小說、戲劇、散文，自古以來也都很自然，特別是今天的小說家，寫劇本跟寫一篇相同的小說是沒有多大差別的。既是作家，又是編輯、譯者、教員，這種角色的兼任是二十世紀極普遍的現象。這也是經濟因素造成的，因為寫作往往收入不固定，所以許多的作家必須同時也是個教員。好在都也不相衝突，站在「社會良心」來看，也有它的好處，teaching（教書）本身是作家唯一能做的社會性行為。

　　單：身為作家，你如何面對歷史或文學史？或者自己可能在文學史上的評價？

　　王：言之過早。這種情形看多了，書的 rise and decline（起落）有如股票，相當 unpredictable（難以預測），《白鯨記》在一百年前沒人理會，最近五十年翻上來，說不定馬上又要下去，所以 writer's reputation（作家的名聲）與股票沒有兩樣，不但現在，連將來都言之過早，將來只是它升降的一部分而已，一段短時間而已。因為有這麼一種看法、想法，所以我從未把自己與文學史合起來想。首先就是文學史本身，就相當程度來講，既然是股票，就無客觀標準。至於創作的 act（行為）本身，多數作家都沒考慮到成敗，也不考慮 pleasure（樂趣）或 satisfaction（滿足），只考慮到任務完成的 relief（解脫），其實只剩解脫而已，沒有 pride（自豪）、樂趣、滿足──也許 creativity（創作）本身只是一種 disease（病痛），它的 cessation（止息）就是你最大的報賞。

文學與宗教

時間：2010 年 1 月 11 日
地點：臺灣大學明達館

前言

　　王文興對小說創作的堅持與獨特的文藝觀，已使他成為傳奇人物。他從早年起便探討命運的問題，手記中有不少宗教感思，1985年領洗成為天主教徒，之後更深思探索。1986年輔仁大學舉辦第一屆文學與宗教國際會議，討論的主題作家除了英國的葛林和日本的遠藤周作（1923-1996）之外，就是王文興。1990年出版的《王文興的心靈世界》（康來新編）多方呈現了他的精神世界與文藝觀感，但那已是二十年前的事了。2009年11月4日在《家變六講》新書發表會暨國家文藝獎獲獎祝賀會中（同時也是作家七十壽慶），我應王老師之邀參加，以「自家現身自說法，欲將金針度與人」形容他近年來積極推動文學閱讀，深獲其首肯。

　　我曾於1983年和2000年兩度與王老師就文學進行深度訪談，時隔十年，此次則著重於宗教與文學，更具體的說，就是身為佛教徒、學者與學生的我，訪問身為天主教徒、作家與老師的王文興。

王文興以傳真邀約主訪人於臺大明達館進行訪談。（單德興提供）

王老師很重視這次訪談，事先提供了一些中國宗教文學作品，「以資談助」。他挑選的地點——Living One 餐廳之名，對我正象徵了一位活生生的作家／天主教徒的現身說法。他以一貫的沉穩態度聆聽每個問題，並以磁性的聲音慢條斯理地回答，內容包括了個人信教經過，宗教觀與宗教體驗，文學與宗教的關係，中西宗教文學例證，宗教之間的關係……前後將近兩小時，直到接近晚餐時分，天色已暗，人聲逐漸嘈雜才結束。訪談錄音由朱瑞婷小姐謄打，經王老師本人修訂。

家族背景與個人宗教抉擇

單德興（以下簡稱**單**）：能否請你從家庭的宗教背景談起？

王文興（以下簡稱**王**）：據我所知，我的祖父沒有宗教信仰，我的父親沒有宗教信仰，甚至於他跟五四運動的一些人一樣，是懷疑宗教的。我的母親有宗教信仰，信奉的是觀世音菩薩，但我不知道那算不算佛教，因為她所拜的佛像只有觀世音菩薩，沒有任何其他的菩薩。

單：夫人陳竺筠老師呢？

王：她還沒有宗教信仰。她跟我父親一樣，對於宗教一直抱著猶疑、不確定的看法，但她正在嘗試接近宗教。我們家族裡只有大伯父有很深的宗教信仰，是中年以後才開始的，他的行為使得我們家族裡的人都感覺莫名其妙，也不好問他為何如此，但他後來是絕對虔誠的基督教徒。這是我們家信仰的大概。

單：你在1985年復活節領洗，那年是四十六歲，距今二十五年。在復活節受洗是滿有象徵意味的，請問你當時是在什麼主觀、客觀情境下領洗的？為什麼選擇天主教？

王：在復活節領洗是因為教會的規定，只有在復活節或聖誕節才能夠領洗。事實上我在復活節之前就有了這樣的決定，跟教會已經有了這樣的聯繫。但是在此之前我為這個問題猶豫、考慮了好多年，還是決定不下來要不要走入教會，一直在原地踏步。直到看到了齊克果（Søren Kierkegaard, 1813-1855）的一句話，他說，宗教必須是跳一步（leap of faith〔信仰的躍進〕），必須是一個大躍進才行。這句話給我一個啟發：如果你不勇往直前，那就一直原地踏步；但是如果你膽敢跳一步的話，事情就簡單了。我的意思是說，先跳下水，然後再去學游泳。

我就想也用這個方法，否則再等下去可能三十年、四十年都是原地踏步。結果這個方法真是很有效。假如我原地踏步的話，不但現在還不領洗，也不可能了解宗教的全貌，因為這是一個大得不得了的課題。如果我要等到了解全貌的那一天才來信教，這根本辦不到。所以跳一步是有必要的。那麼跳一步呢，就會……可以說若有神助。若有神助的原因不是因為對宗教知性的了解就恍然大悟，而是屬於感性的信仰方面。跳一步的最大收穫就是這一步下去，如同剛才的比方，是跳到水裡再去學游泳；換一個比方，就是把植物的根種下去，而它生長之快是起初沒有料想到的。這個生長不是知性的，而是感性的生長，讓你一天一天感覺宗教是重要的，是唯一可依賴的，世界上的其他事都是依賴於此。這就好像是人與人的感情一樣，你對一個好朋友的感情、信賴，要說理論嘛，十本書也說不完。但是一旦覺得信賴他，就會一切交給他，什麼忙都願意幫，就是類似這樣的一種情感。

單：你在正式接受信仰之前也看過巴斯噶和路益師（C. S. Lewis, 1898-1963）等人的書，對身為高級知識分子的你而言，這比較是知性的準備嗎？

王文興（陳先治攝影，文訊雜誌社提供）

王：的確是。這些宗教、哲學的著作對我具有很大的吸引力，應該說，對我來說是最好的讀物，因為這個緣故讓我開始尊敬宗教。我不敢說是因為這樣使我走上信仰的道路，卻是讓我開始尊敬，否則我可能會和五四運動的人一樣，具有一種可笑的高傲、傲慢，也就是對於不了解的事物冷嘲熱諷一番，然後拒絕參與、拒絕了解。我不否認，這是我年輕時一度有過的現象。老實講，在我念大學的時候，一些神父、修女的師資也有不錯的，可是一想到他們的身分，我儘管帶有一種讚許的態度，卻使我敬而遠之。所以我開始尊敬宗教，是因為閱讀這些神學著作。產生尊敬當然很重要，因為心裡就會想，那我也可以試試看，嘗試模仿、學一學啊！這種尊敬除了來自神學著作以外，還有很多是天主教小說家的引導，像是葛林和莫

里亞克（François Mauriac, 1885-1970）。我也常想，這兩個能力這麼高的人，何至於去信仰一個愚夫愚婦的教派，其中必然有它的解釋。這種好奇感也讓我開始願意去探索這條宗教的路。因此，神學的著作以外，宗教小說家也是使我開始尊敬宗教的一個引導。

單：你剛剛提到「一些神父、修女」，你在文章中也提到張志宏神父（George Donahue, 1921-1971）、王敬弘神父。我想有不少人是因為接觸到宗教人士，佩服他們而連帶尊敬他們的信仰，進一步接觸乃至於接受。不曉得那時候有沒有因為與宗教人士的接觸而給你帶來一些啟發或感動？

王：張神父是一位愛爾蘭裔美國神父，我跟他的往來比較多，但是從來沒有談過宗教的問題。我喜歡這個人純粹是他的個性、人格使然，他是個很仁慈、正直的人，他是第一個我喜歡往來的天主教人士。第二位王敬弘神父是一個中國人，跟我有點同學之誼（他是師大附中高我三、四屆的學長），又是我一個好朋友的小舅子，本來就有一點往來。我與他並沒有宗教上的討論，而是喜歡他的溫厚。倒是我想要領洗的時候，第一個便是跟王神父提出的。他很支持，就安排我的領洗，領洗包含了很多宗教的儀式，此外，在很多超現實的經驗上他也幫了我一些忙。但是世界上的事就是這麼神祕，幾年後他就去世了。

單：那很年輕呢！

王：他很年輕就去世了，去世之前動了大概六次手術，都沒有成功。這件事情有沒有打擊到我、使我對宗教信仰有所懷疑呢？完全沒有。我把這個遺憾歸入於神祕，歸入於人神、天人的神祕上去解釋。換句話說，這個神祕是我不知道的，我不能妄下斷語，為什麼這麼好的一個人，居然這麼早就被收回去了？他的去世非但沒有打擊到我，反而讓我對宗教信仰採取一種更 resigned（順服）的態

度。他的一生長短是由神來決定的，而我也了解我個人的一生，不論是成長、長短，一樣是由神來決定。這是我從他的一生、他的死亡裡面得來的結論。

宗教信仰與「星雨」

單：你剛剛提到在信仰上往前跳一步或冒險，那麼你在領洗前後有沒有什麼不同的生命風光？在人生或文學創作方面，前後有沒有顯著的不同？

王：在人生方面，其實人生有很多困難，每個人都免不了。在我領洗之前，確實在人世以及健康上遭遇到種種問題，但不是職業上的。若說為了職業上的表現而決定投向信仰，就等同於拜菩薩求發財一樣，這是我一向不以為然，不會列入考慮的。職業上或事業上的成敗，必須自己負責，這方面就跟功課一樣，絕不能說我考得不好，去求神讓我下回考九十分。但是人生還有很多其他的困難，特別是人際關係上的，而很多人世糾紛不在於個人，而是在多方面，這些假如沒有宗教依賴的話，很多是沒有辦法應付的。這種事情使我感覺像過不了的瓶頸，類似這樣的事情還不少，可是在我接受信仰以後，就好像原本生病一樣，竟然豁然而癒了。

至於寫作方面，寫作跟念書一樣，是不便祈求的，否則問心有愧。我感覺領洗前後寫作的難易是相同的，學習的難易也是相同的。我總覺得在這方面恐怕神是不介入的，好像上帝已經決定把人生的這一塊交給人來獨立、自主的。

單：就你個人的寫作來說，雖然在寫作的難易上是相同的，但在態度和題材上有沒有什麼不同？比方說，《星雨樓隨想》裡的〈神話集〉、〈夜思筆記〉、〈宗教及其他〉都跟宗教有關。如果沒有

宗教信仰，恐怕就不會寫出這些作品，或者不會用這種方式來寫。我想先請問的是「星雨樓」這個名字的由來。

王：「星雨樓」這三個字跟宗教沒有關係。原先給出版社的是另一個名字，但出版社希望我改書名。我想了一想，就改為「星雨樓隨想」。

單：「星」跟你名字裡的「興」有沒有關係？

王：有關係，你這樣講就對了！其實，取這個名字有幾個原因。第一，我的岳

《星雨樓隨想》是王文興語錄體選集，書名與「興語」同音。

父以前住在新店花園新城社區一間很小的房子，他去世以後這房子留給我們用，就成了我的藏書室。這個地方很高，打開窗子，就面對著空曠的天空和山景。每天夜晚站在陽臺上，會看到滿天的星斗。第二，「星雨」這兩個字中，「星」與我名字的第三個字「興」同音，「雨」也和「語言」的「語」同音，而《星雨樓隨想》就等於是我個人語錄體的選集。

單：《星雨樓隨想》中跟宗教比較有關的那三篇是在哪些情況下寫的？

王：這三篇都是從我歷年的手記裡面把跟宗教有關的挑選出來的，並不是在某一個時段連貫、持續不斷寫下來的。這一類宗教思考也許早在幾十年前我的〈第三研究室手記〉裡面會找到一些（按：

刊登於 1969 年 7 月及 9 月《幼獅文藝》第一八七期及一八九期），但是領洗以後，宗教的隨想確實遠比領洗之前要多，因為我每個禮拜天望彌撒時一定會有一些感想，不論是儀式的感想或者讀經的感想。

　　單：你提到領洗和望彌撒，而不管是哪一個宗教的信徒都要從事靈修，才能有更深入的體驗。而靈修和一般知性的累積是不一樣的。能不能談談你靈修的一些體驗，像是你如何靈修，比方說祈禱、望彌撒，這些跟你寫作的關係如何？

　　王：嚴格來講，我並不是一個模範的教友、教徒，因為有很多規定的齋戒等等，我並不清楚，那是有一張很嚴格的時間表的。而且我有一個錯誤的觀念，總以為那張表是進入修道院的人更應該遵守，是更進一步的靈修，像我這種神職人員以外的教友、信徒，就沒有必要為自己訂下這麼嚴格的規定，所以我只限於採用幾篇通用的祈禱文。除此以外，我參與每個禮拜天的彌撒，把它看成是時間上的奉獻。彌撒的意義很豐富，但我還沒有時間詳細研究這整個彌撒的意義和它的功能，可是有一點我了解得很清楚，也一直遵守，那就是彌撒是必要的。彌撒是人對神的奉獻，至少是時間的奉獻。意思是說，一週七天，你總應該分出一點時間給天主當作奉獻。奉獻有很多種，最普通的是金錢的奉獻、勞力的奉獻，乃至於像神父、修女是生命的奉獻。這些我都做得不理想，有的距離還很遠。現階段我也是原地踏步，幾十年只限於每週的彌撒參與，把它當成時間上的奉獻。時間的奉獻是諸多奉獻當中的一種，你不付出焉能夠期待回報。這又跟剛才講的讀書一樣，一個學生不付出焉能考六十分？焉能考八十分？我肯定「奉獻」是所有宗教裡都要守的最重要的一條準則，這個原則是宇宙間、天下事的一個定理。

　　單：佛教講「六度萬行」，六度包括布施、持戒、忍辱、精進、

禪定、智慧，第一個就是「布施」。

王：差不多、差不多，對、對，就是奉獻與布施，將我們的金錢、勞力、時間用來服務大眾，這是奉獻裡最普遍的定義。我剛才說的彌撒純粹是時間的奉獻。時間的奉獻裡面有很多的儀式也該遵守，因為儀式不但是在時間裡面，也是表達尊敬的意思。如果沒有這個觀念的話，坐在教堂裡一個多小時的彌撒，有那麼多繁縟的儀式，會覺得是可笑的，的確是疊床架屋、不知所云、枯燥無味。這是彌撒的奉獻，或者說儀式的奉獻的真相就是如此。了解這些儀式，是你的幸福，會不以為苦；不了解也不要緊，就當成是時間的奉獻。

宗教作家的三種良知

單：就你而言，信徒與教會、耶穌、天主的關係如何？

王：我們可以說，重點上是都有關係，如果你再問詳細的條文的話，那就要解釋很多了。譬如說，有的人首先就會問：「為什麼疊床架屋，已經有了天主，為什麼還要耶穌？」然後又問：「已經有了耶穌，為什麼又要聖母？」這許多枝節的問題、神學上的問題，不是三言兩語說得清的，所以剛才我講的類似人與人的關係（即付出與回報）畢竟還是簡化的說法，重點應是人與神的關係。

單：你身為人，又是作家，又是天主教徒。你曾經提到過三種良知，而且說你的藝術良知高於社會良知，宗教良知又高於藝術良知。能不能請你進一步說明這三種良知的層次？

王：把這三個都當作責任來看的話，簡單地說，假如一天只剩兩小時我可以自己支配，而這兩小時的時間有三個要求：一個是宗教的要求，一個是藝術的要求，一個是社會的要求。那在我來看什麼是優先的？假設今天是禮拜天，是要上教堂的，那我這兩小時就

先給教堂，一定先望彌撒。雖然這一天我也想讀書，但文藝的要求只能排第二，可能這一整天都沒時間讀書。至於社會良知，說的是各種的社會責任。假如我這一天應該去參加個會議，像是政治性的會議，或者就算是有益於學生的一個聚會，那我也許就會把這個社會責任排在第三。

單：除了時間的分配，還有藝術方面，特別是文學和宗教的關係。有些作家原本表現不錯，但在接受宗教信仰之後，可能因為非常虔誠，就文學的標準來看，對於呈現的主題或處理的方式形成限制、甚至妨礙，有種想要用文學來傳教的感覺，影響到他的文學成就。不曉得對你來講，文學與宗教要如何取捨？兩者的關係是相輔相成，還是可能有相互排斥的現象？

王：到現在為止我還不覺得兩者是有牴觸的，文學的面貌很多，就算是一個作家百分之百只寫宗教的題目、只寫宗教文學，他等於還是選擇了文學。文學裡本來就有宗教文學，而且這一條路相當寬。不講別的，譬如道家文學就寬得不得了，中國唐代以前恐怕都是道家文學。所以在選擇題材上，這是不相牴觸的。可是萬一所寫的內容是跟教會有牴觸或者教會有意見的話，這時候就要有所選擇了。萬一遇到這種情形，我想我會讓步，採用教會的標準。

單：這樣對於多年來堅持文學創作的你，會不會很難選擇？你會讓得心甘情願嗎？

王：我想，到目前為止我還沒有遇到過這麼難的選擇。如果有一天我要寫的東西也許藝術上覺得有必要，但可能與宗教牴觸，那麼我想我的讓步是樂意的。因為文學裡的讓步形式有很多，宗教讓步只不過是其中之一而已。這怎麼講呢？比如說，最簡單的，雖然小說只是一種虛構的立場，不代表我個人的立場，但我恐怕會多一層考慮，會避開攻擊宗教或是毀謗教會的書寫。這是不是比較接近

你說的宗教和藝術的衝突？

　　單：是的。正是如此。

知識分子與宗教

　　單：先前稍微提到知識分子與宗教之間的關係，佛教也有一種說法，就是知識分子的知識障比較重，不像一般人比較容易跨出那一步或者願意冒險，總覺得要了解清楚之後才願意跨出去，但很可能花了一輩子還不了解，而錯過了一生的機會。你在文章中提到，選擇跨出這一步，其實當下就能得到平靜，甚至是將來一生的平靜，這本身就是很大的收穫。但是對有些知識分子來說，恐怕辦不到，總覺得要在知性上有所了解，才能夠坦然、甘心地接受。

　　王：這也是我本來想到這個訪談中也許會碰到的題目。我同意知識分子信教比較困難。但高知識的人也想了解，知性之上還有感性，更應追求。同時，知性的價值遠不如信仰，如果他一旦信奉宗教，就一定這樣看。知識有用與否，還可以這樣看：比如說，今天有一個弱智的人，智商很低，什麼也不會，但是一旦有了信仰以後，信仰卻很強。相對地，另外一個是天才，信仰卻很膚淺，懷疑很多，宗教熱誠並不高。以宗教熱情來講，這個弱智的程度高達九成，而這個天才也許只有五成。我們再拉高層次來看，神會比較喜歡、眷顧哪個人？誰的宗教分數比較高？無疑是這個弱智。所以我是相信，在神的天地裡，人的重要跟知識無關，而完全是在宗教熱情上。

　　單：的確，像我的皈依師父聖嚴法師的角色之一是學問僧，他便提到，修行屬於實踐，和做學問以及知識的累積是不一樣的。而他在赴日本留學的時候，他的師父東初老和尚特地提醒他要當「宗教家」，而不是「宗教學者」。另外，奉獻牽涉到各個宗教所要面

對的「自我」的問題，像是謙虛與傲慢等等。知識分子的社會地位通常比較高，累積的知識也比較多，因此很可能助長了他們的自我。但各個宗教基本上都強調「無我」，認為這是靈修與奉獻的要點，個人知性的累積反而造成自我膨脹，形成所謂的知識障，與「無我」背道而馳。

　　王：所以佛教也是認為在修行上文字並不重要，反而可能是障礙，不落言詮可能更好。但是，神學在某方面還是很有用的，可以突破一些知識人的弱點，因為他們喜歡討論，熱中於理論、學理、哲學，宗教可以由這一條路來突破、征服和感化。如果光看別人行為的改變你不感興趣，那麼也許一流的神學可以把你的興趣提高，讓你尊敬這一個宗教，這也算是第一步。所以神學是要保留給這一類的人。這一條路、這一扇門於一般人永遠是關的，只開給少數的人。

　　單：確實如此。比方說，佛教講「經、律、論」，「經」是佛陀的開示，「律」是佛陀制定的戒律，「論」就是理論，可以把一些道理分析得非常細密、透徹、有條有理。弔詭的是，禪宗主張不落言詮，但留下最多文字紀錄的也是禪宗，而許多人，包括我自己在內，是透過禪宗的文字而逐漸進入和接受佛法的。

　　王：我想「不落言詮」的意思是……事實上它的哲學的意境還是知性，它是語言不能達到的那種知性，需要很高的知性。譬如淨土宗，比較像我們剛才談到的，只需要宗教熱情，其他都可以不管，一生什麼都不懂，只要念阿彌陀佛就可以了，這一點在我們天主教也相信，只要不斷誦念神號就可以了，即使是一個白癡都沒關係，這我也愈來愈相信。我們這個訪談，也許最終要談的也是這一點：我可以揚棄所有哲理的追求，都當作次要的，所有這些都不如一句佛號、一句神號那樣重要。

單：確實如此。其實，這可分兩方面來談，既有所謂的「不立文字」，但也「不離文字」，因為畢竟思考、理解、溝通、說明都必須使用文字。另外，就像淨土宗主張念佛，《阿彌陀經》裡面講念佛念到一心不亂，其實那已是極高的禪定。當然，也許有人會進一步討論，這是自力還是他力，但不管怎樣，這種……

王：自力是他力的基礎，各個宗教都一樣，你要有一個開始。你消極地走上正路，就減少了世界上多少的錯誤，少做了多少的孽，那你在消極面所做的就已經是積極了。換句話說，先減少自己做的一些錯事，misdeeds，先從自身做起，儒家也說修身必先正己。

單：是的，佛教也主張「修行」就是修正自己的行為，泛指身、口、意三業。另外，你也提過，天主之適合於你，就像是對症下藥，你要證明天主是藥。在你看來，一切宗教都是醫學，而且可能是更深層次的、更根本的，從心靈深處治療。這和「佛是大醫王」、「因病與藥」的說法是完全一致的。

王：任何宗教以精神面來看，是治療心靈的，但是不能否認它也能治療身體。先不要下結論說這是騙術，給人打個佛號或念個經，病就好了，說這是巫術！先不要否定它，這些事歷代都是有憑有據的。我們活在科學的時代裡，立場很為難，別人都要你拿出科學證據來，其實你也應該跟他說，所有宗教所做的都是科學的事，都有實據，是科學沒法推倒的。

單：現在的科學已經印證了身心是相互影響的，套用比較通俗的說法，宗教可說是兼顧身、心、靈的療法。

王：雖然我知道的很有限，但現在心理學也漸漸走上神祕主義這條路了，希望解開這個結，不說別的，容格（Carl Jung, 1875-1961）的心理學其實不是心理學，根本就是神祕主義的宗教。他的夢、他的解夢都跟神祕主義有關。他所舉的自己人生中重要的幾個

夢，都是正確得不得了的預言。以他這樣一位醫生，而且是位科學家，他都覺得莫名其妙，不知如何是好。

單：你先前提到神的旨意是人無法知道的。多年前我曾聆聽你與周聯華牧師有關宗教的對談，他也提到神的旨意是神祕，mystery。佛家講究因果，比較常用的說法是「因緣不可思議」，有些事情就推到「三世因果」，因為在現世你無法知道或解釋，但就算推到三世恐怕一般人也很難印證，會覺得它是神祕。

王：我個人不是往前推，而是往後推，往後推問題就解決了。如果後邊有個永生，這些前世、今生的重要性就差很遠了。你說神對王神父不公平，他可能還有三十年好活。但你要是知道有永生的話，就覺得無所謂了。一個只活一天的小孩和一個活到八、九十歲的老人比起來並沒有吃虧，他活一天等於到世間遊覽一天，然後去別的地方，後面的時間還長得很。那你在世界上遊覽了八、九十年，再到後面去，如果後面是無限的，前面的長短也就無所謂，長短的意義又何在？如果要打分數的話，絕不是九十年的人生分數就高於只有一天的人生分數，說不定給一個嬰孩只活一天是一種恩惠，favor，這一天活得很純潔，分數更高。誰知道？

神祕經驗與人世苦難

單：你提到自己有一些比較神祕的經驗，不知道方不方便透露？當然，你也可以比較籠統地談談神蹟或奇蹟跟信仰、宗教之間的關係？神蹟、奇蹟或者佛教所謂的神通，基本上都是宗教的一部分，對有些人來說甚至是滿重要的一部分。另一方面，宗教人士普遍認為，把宗教信仰建立在那個基礎上是相當不穩固的，不知道你的看法如何？

　　王：對，就是兩種看法，一種認為這是迷信，那些靈驗純粹只是巧合，另一種則確信不移。有關神蹟、神通這種事情，在我幾十年的經驗中，最明顯而且屢試不爽的是祈禱可以治療感冒，尤其在覺得快要得重感冒的時候。別人可能說是巧合，但是我不懂為什麼會有數十次巧合，我也知道不是所有的病症都可以這樣解決，說不定哪天有一個重症發生在我的身上，而我的祈禱一點用也沒有，但是我不會推翻我的信仰。因為我的信仰已經建立在無數感冒治癒的證明上。然後，再說剛才我提到的王神父的例子，他難道不祈禱嗎？為什麼他祈禱了還需要開六次刀，最後仍舊失敗？他的急症是個事實，那時很可能祈禱也不管用，但是王神父這個事實，我是看成一種神的神祕設計，畢竟神另有答案，非我們所知。我現在的這些小感冒的靈驗也是不能推翻的事實，也足以建立信仰。這是對於神通、神蹟的一個最簡單的證明。這是身體狀況的例子。

　　在心理上也是類似如此，比如人總有很多的社交活動，有時會覺得去一趟會議很辛苦，會不會有什麼過不了的大困難？但是經過祈禱以後都有神奇的化解，結果十分順利、無風無浪，諸如此類的事。我就把這種人生小小的一些 limitation（限制）和一些小小的風寒，看成相同的困難，而這些困難透過祈禱都可以解決。你說這都是偶然嗎？如果你累積幾十年，次數多到成十成百的話，就很難說是偶然了。尤其對有宗教信仰的人來說，這種巧合，或者可說是「感應道交」，反過頭來會增長他們的信心，使個人在靈修的層次上，或至少是在信心的建立上，會更加鞏固。若說是巧合，我也可說：是「妙」合。

　　單：在 1990 年出版的《王文興的心靈世界》序言中，你提到自己的信仰，謙稱未必那麼堅強，可能還沒遭到比較嚴厲的考驗。像王神父的英年早逝沒有動搖你的信仰，其實那也是考驗之一。還

是說，到目前為止，你的信仰都很堅定，所以那些考驗對你也就不構成真正的挑戰，而能安然過關。

　　王：主要還是像剛才講的一些小小的試驗，次數很多，積少成多就成為一種力量，因為每次遭遇的時候，我都是清醒地在等待結果，看到結果之後就會對信仰有很多的幫助。

　　單：你說「清醒地在等待結果」，是獨自面對，還是有教友或神父的協助？

　　王：目前為止我都是一個人藉由祈禱來求證，很多人跟我講借外力應該有幫助，可以加持，像是教會的幫忙，尤其是眾多人的祈禱，這些我都沒有採用過。對他們的這些說法我是愈來愈相信，也相信人數愈多的祈禱效果愈大，所以我對於這個世界的未來並不是那麼悲觀。譬如說氣候和其他環境問題等等，當然今天最嚴重的是氣候變遷，這可能把世界帶到毀滅，十年、二十年後或許大家就無法生存，那麼該怎麼做？我覺得團體的祈禱應該有幫助，就算所有的科學證明都說全球暖化已經到了無可救藥的地步，我還是信賴更高的神可以解決這個問題，很簡單嘛，在太空上開個洞，所有的碳氣就可以從這個洞釋放，但是今天太空還找不到這樣的一個孔。

　　單：你在文章中也提到自己對苦難的看法，認為心靈的、肉身的苦難是讓人在善惡間自由、明智的選擇。我覺得這與佛法也有相通之處，因為佛教基本上認為存在是苦，但透過苦也能增長人的慈悲與智慧。我不知道苦難或考驗對你來說是不是類似一種變相的加持，經過一番考驗與功課之後，不管是信仰或其他方面都更往前進了一步。

　　王：我們一定要透過苦難走上覺悟這條路，所有的苦難應該都是有益處的，因為從苦難中更容易走上自由這條路，但是「自由」這個詞仍然是個矛盾，paradox，因為自由其實是最不自由的，它必

須有所依賴、有所投靠。

　　單：佛教講四聖諦，Four Noble Truths——苦諦、集諦、滅諦、道諦。其中，第一個就是苦諦，而且舉出了「八苦」，眾生耳熟能詳的生、老、病、死就是其中的四苦；「集」是產生苦的原因；知道產生苦的原因之後就要「滅」掉它；而要滅掉苦的原因要有方法，也就是「道」，因為有了「道」才能「滅」去苦的成因。以往我對四聖諦的順序頗為不解，認為依照時間和邏輯順序應該是集諦、苦諦、道諦、滅諦，一直到近來才體會到，其實一般人是先感受到苦，才去找原因，也就是先遇到現象或境界，才去找形成的原因，想要解除苦難，才去找方法，因此四聖諦第一個先講苦。而且，人世間所遇到的心靈的或者肉身的苦難，如果能夠忍受而且客觀觀察的話，就會發覺不單個人如此，別人也有類似的苦難。佛教講悲智雙運，認為慈悲與智慧是一體的兩面，藉著個人經歷的苦難而更能體會別人的苦難並且協助解決。套用聖嚴法師的話，為自己解決煩惱是智慧，為他人解決痛苦、煩惱或苦難就是慈悲。

　　王：這說得對，這說得對。「苦」這個字在人生是肯定的，嚴格講，我們今天到這個地步、到這個年齡，就算吃過千辛萬苦也算不得什麼苦。別的不說，先講一個天生就瞎眼的人，他為什麼生下來的第一天就要受視障之苦，我們的千辛萬苦比起那些人就不知少了多少。所以從苦這條路去思考，就很容易看出人生只是一個過渡。每個宗教對於前生前世的講法都不同，對於來生後世的看法則都是肯定的，就是因為這個苦太沒有理由、太荒謬（absurd），所以依靠推理也會知道後面有一個目標，走向來世時就會看到這個目標實現。

生死大事

單：生、老、病、死這些有關苦的思想不限於佛教，任何宗教之所以產生主要就是因為生死大事。你現在已經七十歲了，照儒家的說法應該是「從心所欲不逾矩」。以你現在的年紀與視野，再加上多年的宗教修持，你對生死大事抱持什麼樣的看法？

王：我是愈來愈相信有來世、有永生，這個信念，conviction，是基於我對神的存在的確信。首先，在今生我肯定了有神的存在，或者說我的上帝、天主的存在。同樣地，藉由剛才我所說的無數的小小的禱告，這些應驗都可以肯定神是照顧人的慈者。從這兩個確信就不難推斷一定有永生、有後世。這兩者之間有什麼邏輯關係呢？這個邏輯是這樣的：我既然肯定了這個神，當然也肯定神的話——我們有永生。從另一個角度，我也相信神存在於無限的時空。那麼我能不能參加這個時空呢？答案有兩個：一個是只有祂能在那個時空，我們都沒有資格進去；另一個就是那個無限的時空不但是祂的，也是我們大家的。這兩個答案我會更相信第二個，因為祂沒有理由拒絕我們——既然有那麼大的時空，祂為什麼會那麼小氣（mean）、那麼惡意（malicious），不讓我們進去，何況祂已經不停地應許我們有一條路可以進去。用這種邏輯可以推斷出必定有來世的這個時空，只是下一步要驗證你去不去得了，是否有資格進去。我對於身後時空的看法是比較肯定的，因為我既然肯定神的存在，也信任神所說的話，就知道將來也有神的時空。我先把神的那個時空肯定了，就不難肯定人也可以到那邊去。

至於說人生七十而從心所欲不逾矩，在從前七十歲簡直是已經到頂了，可是我個人覺得我所知的還是很有限，還只是一個普通中年人的所知而已，該學的事才剛剛開始。就像我正在寫的書，才只

是剛要開始寫真正想寫的書，說不定還只是在摸索的階段，所以始終不覺得已經到了人生的後期，反倒經常覺得只是在人生的初期。也是因為這個原因，我經常想的是理論上的人生長短的問題、生死的問題，而關乎我個人的生死卻很少去想，就像我二、三十歲的時候很少去想一樣。

單：弔詭的是：一方面佛陀告訴世人生命在呼吸之間，無常可能隨時降臨，但另一方面，人活著大都覺得自己來日方長。

王：對，這種說法不但適用於老人，也適用於任何人。我今天在處境上確實如你所說的，我會糊塗地認為自己後面的時間還多得很，不去想後面的日子有多少，但是極可能只有一、兩天，甚至就只有下一刻。對於年輕人來講也是如此。這種看法一方面是糊塗，二方面也可以視為理想的看法，也就是將生死交給天主。隨波逐流是糊塗的看法，但也是唯一明智的看法，因為萬事不是由你來決定的。

目前寫作計畫

單：以世俗的觀點來看，大家都很崇敬你作為一位作家，或作為一位教授、文學教育者，像去年你更榮獲很多人夢寐以求的國家文藝獎。另一方面，你在手記中提到，人的目的是追求完成，包括天主教徒那種完成。若以你個人來說，即使世俗的成就如此卓越，你覺得自己如今「完成」了多少？

王：我所謂的「追求完成」是指懸在未來的目標，非指已經完成的業績。目前最重要的追求就是我正在寫的這本書，我是全心全意地希望把它寫完，假如有一天能看見自己把它寫完，那就回答了你的問題，就是我，大概會覺得滿意，而且這個滿意恐怕是我這一

生唯一的滿意，因為其他的一切都無所謂，就算有社會的認可或者其他認同等等，誰都知道那是虛幻，illusion，因為本身的價值需要更長久的時空才能判斷，一時的貶譽是不可靠的。

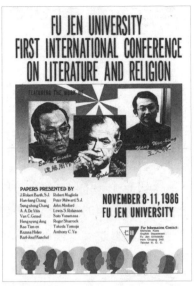

王文興（右）、Graham Greene（中）、遠藤周作（左）為輔仁大學第一屆文學與宗教國際會議之主題作家。（國立臺灣大學圖書館提供）

單：請問這本書是長篇小說嗎？能否稍微透露一下大致的內容？

王：是長篇小說，可以界定為宗教小說，我遲延了很久，最終採取了學校生活作背景。我長久以來就想寫大學生活，可是不敢動筆──之所以不敢動筆是因為和我的生活太接近了，人就在裡邊，要寫什麼總希望有個距離才好，到最後我決定採用這一塊版圖，所以一方面是宗教小說，一方面則是大學校園生活。

單：你整個文學創作量少而質精，在這些作品中現在這部比較能定義為宗教小說？

王：當然這也不是傳道文，不是明白的說教，而是基於一個有神的觀念來寫，大致上表達的是人生是掌握在神的手裡，所以只能算是廣義的宗教小說，乃至於又回到希臘的宗教上去，恐怕看不出來是基督教的宗教小說。[1]

---

1 即 2016 年出版的《剪翼史》。可參閱本書〈小說背後的作者世界〉，頁 207-208 及〈回首來時路〉，頁 217-218。

宗教作家與中國宗教文學舉隅

單：你以往的小說有些觸及人與命運的關係，所以早在 1986 年輔仁大學主辦的第一屆文學與宗教國際會議，就集中討論葛林、遠藤周作和你這三位信奉天主教的作家的作品，但你是不是認為自己現在寫的這本小說才比較是宗教文學？而你會接受自己是宗教文學作家這個頭銜嗎？

王：我不曉得自己是否可以接受這個稱呼，原因就是，雖然我一直對人與命運的關係都有興趣，可是對於神的肯定，以往還不很清楚。也就是說，以往我遇到神的問題時都是打問號，甚至可能是否定，雖然長年在寫作裡都認定神的力量遠遠高過眇小的個人，但是恐怕向來沒有認為神對人來講是個肯定的（affirmative）救星，仁慈的（benevolent）存在，是可以幫助人的。要到了現在這一本，才肯定了宗教，認為神是一個仁慈的、肯定的存在。一路的看來，我不知道可不可以算是宗教作家。

單：你認為一位好的宗教作家應該符合哪些條件？

王：我不願意以狹義的範圍來看宗教作家，我一直認為只要認識到神的仁慈存在的，就可以算是宗教作家，但還要文學和宗教相輔相成。對於中國長時期以來的佛道文學，我都相當的重視，也不只是重視它們的宗教層面，我認為許多根本就是一流的藝術品，只可惜是無名的。比如大家不重視的呂洞賓，我就非常重視，我不是因為他是道士才重視他的文學，而是認為他的詩以文學的角度來看寫得很好。我蒐集了很多歷代道士在街上唱的歌謠，都相當好。

單：能否請你談談呂洞賓的作品或是你為這次訪談所準備的一些宗教文學作品？

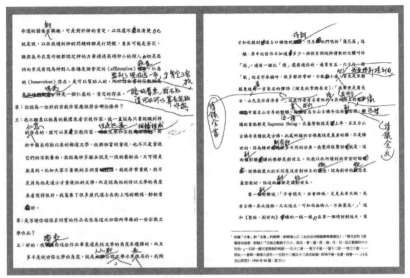

王文興訪談修訂手稿。（單德興提供）

　　王：好的，我帶來的這些作品畢竟還是從文學的角度來選擇的，而且多半是從世俗文學的角度，就是人人都公認，文學水準是很高的。我剛才和你提到道士口頭念的詩詞，乃至他們唱的「蓮花落」這一類，其中的佳作不知道多少。佛教有個純粹傳教的文體叫作「偈」。還有一種比「偈」還要通俗的，通常有五、六十句，用「歌」的名字來稱呼，很多都非常好，不能小看它。我要特別提到的，首先是宋朝蘇東坡有一首著名的禪詩〈贈東林常總長老〉：「溪聲便是廣長舌，山色豈非清淨身，夜來八萬四千偈，他日如何舉似人。」這算是作者有名有姓的詩。其他有許多無名的，像中國名山古寺的對聯這一種。我們看五臺山古佛寺這兩副對聯：「子會開天，丑會辟地，足見未有天地，先有古佛。其次造物，又次造生，可知

尚無物人，不無靈光。」²「開天闢地，曠劫主宰。收原結果，萬世
真神。」這裡講的重點都是 Supreme Being，這一種在基督教就是上
帝，在五臺山古佛寺來講就是古佛。此處所稱的古佛應該是真身的
佛，不是轉世的，因為轉世則有許多不同的分身。我覺得很驚訝的
就是，這兩副對聯講的佛都是創世主。而我以往所讀到的有些討論，
說佛教最大的不同是沒有創世主的概念，認為創世的概念是基督教
的。但這兩副都是講創世主。

第一副對聯說：「子會開天，丑會闢地，足見未有天地，先有
古佛。其次造物，又次造生，可知尚無物人，不無靈光。」這和《聖
經·創世紀》講的一模一樣。在第一個時刻創造天，第二個時刻創
造地，「足見未有天地，先有古佛」則表示這個創世主站在天地之
外創造天地，祂自己比天地更早、更古老。古佛創造完天地，「其
次造物，又次造生」，也就是古佛接下來造物體，所謂物體就是星
辰、山河等等，第四是「造生」，創造生命，在《聖經》裡就是先
造花草、動物，再造亞當、夏娃。「可知尚無物人，不無靈光」指
的是可以知道古佛在先，在還沒有天、地、日、月、星、河、人、
物之前，已經存在著靈光，這個光也許是指古佛的光。而《聖經》
裡也講，上帝造天地的第一步是先有光，跟這首詩中創造的順序幾
乎一樣。

下一副也是五臺山的，「開天闢地，曠劫主宰。收原結果，
萬世真神。」誰是古佛？換句話說，誰是上帝？是那個開天闢地

---

2 有關「子會」和「丑會」的解釋，參閱清心之〈五臺山寺廟楹聯牌匾選注〉：「蔡元
　定的《皇極經世指要·附錄》：『天地之數窮於八八，故元、會、運、世、歲、月、
　日、辰之數極於六十四也。』一元即一個天道循環的週期，一元十二會，一會三十
　運，一運十二世，一世三十歲。……依此，一會即一萬零八百年。一元的十二會以
　十二地支記錄，即為子會、丑會、寅會……」。（《五台山研究》，1986 年 6 期，
　頁 31）

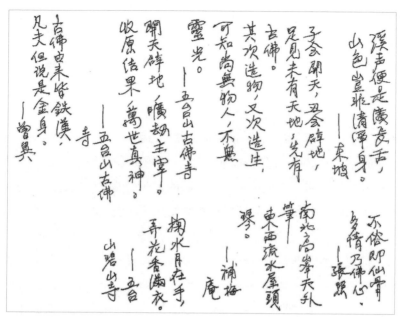

王文興手錄中國宗教文學，「以資談助」。（單德興提供）

的造世主（Creator）吧！祂是曠世的主宰，古今天地唯一的主宰（Master），管轄所有的一切。第二句中的「收原結果」證明祂是決定世上所有因果關係的神。任何人做什麼事情都有原因，這個原因祂知道了以後給你一個果，不論是善果、惡果都是你做的，自己要負責——你自己是原，所以結的是你自己的果。誰來管這件事？古佛在管，天上的神在管，永遠由「萬世真神」在管。這兩副對聯和基督教是沒有牴觸的，都符合解釋「神」（"Theo"）的本性、本質。所以從這兩副對聯可以看出各宗教基本上神的觀念，神是同一個神。

　　下面看宗教文學另一個例子。開元寺鐵佛殿前柱子兩側刻有明末舉人曾異所撰楹聯：「古佛由來皆鐵漢，凡夫但說是金身。」古

佛不只一個佛身，有好多分身、好幾世，今天是釋迦，明天又是彌勒。一般人都會把祂的身形塑成金身，但是曾異認為這是俗世的價值，凡夫的觀念，其實更重要的是這些得道的神有更高的層次，可以抵抗人生所有的欲望，是個真正的像鐵一樣的英雄。

接下來看蘇東坡的〈髑髏贊〉：「黃沙枯髑髏，本是桃李面。而今不忍看，當時恨不見。業風相鼓轉，巧色美倩盼。無師無眼禪，看便成一片。」剛才已講過神的概念，現在是蘇東坡講的話。這裡宗教上 Theo（神）的成分並不高，說的是一般的生死問題，這些都是從研究死亡來的。蘇東坡這首詩便如此，他是定神、定眼地面看死亡，直看死亡。那麼他就看出了人生的短暫，人生的表象的虛無。他先看到這堆沙裡頭有個枯乾的骷髏頭，就想到這個人活著的時候大概是個美人，漂亮得不得了。而今人不願看也不敢看，因為變得又醜又恐怖。可是當年誰都巴不得多看她一眼。第三句「業風相鼓轉」有一點宗教味，詩人覺得她當年的好看，是因為她的「業風」（大乘義章：「業力如風」）讓她輪迴到好看，所以是「巧色美倩盼」，美得不得了。接下來的「無師無眼禪，看便成一片」是指道

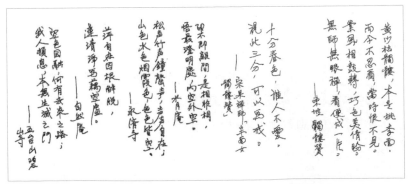

王文興手錄中國宗教文學，左側四副對聯未及討論。（單德興提供）

行高深的僧人來看這骷髏的感想。「無師」應該就是禪宗的一個態度，是靠自己的智慧想開通了悟的，不靠經文，不需別人指導，是純粹靠自己的推想就可以得到禪智。「無眼禪」就是用心靈之眼，而不是用肉眼，來看這個世界，這樣才能得到更高的智慧。由這樣的一位高僧來看，骷髏頭和桃李面了無差異，不必計較誰漂亮誰不漂亮。這不但解釋佛教解釋得很清楚，也把所有的宗教解釋得很清楚了。這首詩真的寫得又簡單又好，讓我們把很多世間的表象都看穿了，領悟到表象只是一種假象，illusion。

蘇東坡的詩也跟著滋生了宗杲禪師的〈半面女髑髏贊〉：「十分春色，誰人不愛。視此三分，可以為戒。」這裡講的跟蘇東坡的是同一件事。但宗杲看到的骷髏比先前的還難看，先前還是個完整的骷髏，這裡的卻是臉只剩下一半的骷髏。他講同一件事，但寫得更簡單、更直接。「十分春色，誰人不愛」──當年活著的時候，完美的美人誰人不愛。「視此三分，可以為戒」中的「戒」應該念古音，讀「蓋」，臺語也是念「蓋」，和「愛」押韻。現在我們多半念錯了，所以讀詩一定要念古音。我常常跟人講，讀音如果恢復到古音，可以救回來百分之五十的詩詞，有一半我們不喜讀的詩詞現在都可以喜歡了，因為音對了，都正確好聽了。他說，美人生前，人人都愛，但「視此三分」，也就是現在這個半面髑髏大概十分去掉了七分，看到的是剩下來的三分，應當引以為戒，當作教訓。

像這兩首「髑髏贊」，若是放在英國文學裡，是絕對站得住腳的，文字這麼簡單，道理卻又深又明白。像英國重要的浪漫主義詩人布雷克，無非也是這種宗教文學，簡單有力，言詞淺白，道理深刻。前面那些對聯放到唐詩裡都站得住腳，只不過我們不知道是誰寫的。那些人可能因為宗教信仰很高，很謙虛，所以不願意留名。我想也許名利到了一定程度時，能夠進一步去名的話，在宗教上的

境界更高。這些人之所以無名，可能性很多，第一種可能是他們自己不具名，第二種可能則是歷代傳來傳去名字傳掉了。在中國很多寺廟裡，你會發現天南地北兩個廟掛的是相同一副楹聯，都不署名，那你就不知道誰抄誰，也許抄的人不方便寫上原來的名字，所以把它去掉了，結果變成佚名。這些聯語或者是借用、或者是偷用，而借或偷又是借最好的、偷最好的，結果最好的反而沒有名字。這些講「空」、講「相」的，以佛教最明顯，也講得最好，但是所有宗教基本上也是這麼講。像《聖經》裡面講 "Vanity of vanity; all is vanity"（「虛空的虛空，凡事都是虛空」），基本上也是在講「虛空」的概念，講「空」。

單：你一方面從思想、內容或是神學方面，看出所有宗教談的是相同的事，另一方面在文學表現上也是相同的。

王：西方的宗教文學也是宗教加文學，兩者都不偏廢。但是英國文學也不免有這個現象，有時把宗教文學排除在文學史之外，譬如教會裡的許多聖歌、聖詠（hymns），很多都還是有名有姓的文學家寫的，有些寫得非常好的，可是不被列入一般的文學史，那就有點像剛才我舉的這些對聯。[3]

宗教之間的對話

單：從這些能不能回到今天正式進行訪談前你提到的不同宗教之間的對話（interfaith），像是你提到現任教宗努力讓不同宗教如何藉由對話而相互了解、尊重。[4]

---

3 可參閱下一篇訪談〈宗教與文學〉，頁 164-166。
4 此處係指榮休教宗本篤十六世，於 2013 年 2 月宣布辭職，成為近六百年來首位非因逝世而去職的教宗，現任教宗方濟各於 2013 年 3 月上任。

王：我的看法是，「一教多宗」可能有兩個解釋，一是殊途同歸，各走各的路，但是追求的是相同的來源。二是傳播的問題，極有可能是一個宗教傳來傳去，傳到遠方以後，就改名為另一個宗教，而其實原先可能是同一個宗教。這一點我在中國歷史上常常會找到一些證明。我有一個懷疑，我一直認為中國晚期的道教事實上可能是基督教，或者應該說是猶太教。

單：你根據的是什麼證據呢？

王：最簡單的就是一神論這個證明，因為道教跟佛教基本上的不同，就是道教有一個最高的神明，一個清真的神明，而這個神在佛教裡比較模糊。佛教裡一般並不強調造物主的觀念，但是道教的太上老君等等，這樣一個最高的神就跟西方宗教很接近，這是一點。另外，有一些修行方法也很接近。我甚至一度覺得禪宗恐怕也跟外來宗教有關。

剛才說道教可能亦即基督教，最明顯的是，唐太宗廢了佛教，改奉道教這件事。我一直懷疑他為什麼這樣做？我後來幾乎能夠相信，唐太宗是一個遊牧民族的後裔，而這個姓李的遊牧民族極有可能是猶太族流浪到中國來的遊牧民族。我為什麼這麼懷疑呢？因為唐朝宮廷裡有一個習慣，年三十晚上，全家要喝屠蘇酒，喝的規矩是下一層敬高一層的長輩，不是一個十歲的小孩敬八十歲的老祖父，而是十歲的小孩敬他的父親，他的父親再敬他的父親，這樣一層一層地敬上去，敬到最高之後敬的人全都跪在地上。

這是唐朝宮廷的習慣，後來傳到民間，延續到宋朝，而這個習慣我清楚地在猶太教的書裡看到，所以非常有可能是唐朝宮廷老早就採取了猶太教的習慣，或者說這個種族根本就是中東的猶太遊牧民族。另外我看到明朝、清朝等等，有些禪宗的修行方法好像跟伊斯蘭教、基督教有相通的地方，這些都有可能因為外來的宗教進入

中國以後，傳教者為了入境隨俗，就採用中國民族跟他比較接近的信仰，套用那個信仰來傳播他的教義。我們隨便舉個例子。例如佛教後來突然出現了禪宗這個宗派，這在以往是沒有的。那麼為什麼會突然出現？可能是一個外來的傳教者帶進來，然後把中國原有的宗教改過來。

單：能不能請你更具體說明，比方說是哪個特定的方法或方式？

王：不知是禪宗還是哪一派中國的佛教設有「淨室」，在回教或猶太教裡也有這種「淨室」的概念。

單：有沒有可能其實是一些宗教在觀念和作法上有些相同的地方，而未必是哪一方影響到另一方？

王：也是有可能，是殊途同歸。各宗教各講各的，其結果卻相同。「淨室」確實可能如此。但屠蘇酒則比較難以解釋。飲屠蘇酒是在年三十晚上。小輩敬長輩的敬酒方式就也很特別。因為敬長輩酒應該是集體敬的，但屠蘇酒則是輪番的，一層一層往上敬，這一點就比較像是外面傳來的。[5] 再加上唐朝後來廢佛教，是不是以猶太教的立場把佛教給廢除？這都是可能。

單：但是為什麼又要宣稱是道教？而且託言李姓？

王：他可能是要適應中國的國情，因為中國道教已經有基礎。還有，發現道教跟他們很接近，因為道教也有個上帝，而且猶太教的僧侶可以結婚，道教也是如此，所以他們願意傳揚道教。若不講唐朝，道教往更遠推，在東漢「五斗米道」的前後，它也有可能是西域傳進來的。這些都是可疑的地方。換句話說，猶太教歷史悠久，說不定早在老子之前已經傳來了。

---

5 古人飲屠蘇酒與一般長者先飲的不同風俗，據（南朝）梁朝宗懍《荊楚歲時記》載：晉海西令問議郎董勛曰：「正月飲酒，先小者，何也？」勛曰：「小者得歲，先賀之。老者失歲，故後也。」

單：但另有以中國為本土的說法，就是老子騎青牛出涵谷關……

王：……把道教帶出去，是的，也有可能。但老子的時代比較晚，猶太教更早，騎青牛出關也可以解釋為老子回他生長的西方去了，回到他原來宗教的地方。也有人說，耶穌是到印度學佛以後再回去，因為他有十五年的時間沒有記錄。這些都是可以研究的。[6]

解經與文學批評

單：你曾說過，不管禱告或讀經，都是一字一停、一字一想，這種方式或技巧跟文學的精讀、細讀相較，是不是更精微細密？

王：我想應該是沒有兩樣。因為文學包羅萬象，首先，文學有哲理的部分，而哲理的部分是要慢讀的。我想，如果宗教的閱讀基本上跟文學的閱讀在我個人有相近的地方，那就是兩者在哲理上的文字，我的讀法都是相同的。此外，文學除了哲理的段落之外，也有非哲理的，像是關於人物描寫、結構布局、情節設計等等。那麼這種非哲理部分的細讀、慢讀，是不是也可以出現在宗教非哲理部分的閱讀上？果然也有。像是《聖經》新舊約故事，都可以用與讀文學之中非哲理部分的慢讀法來閱讀，其結果所得跟非慢讀完全不同，是大有益處的。比如說，我長久來，只肯同意《舊約》是一流的文學作品，因為我用慢讀法讀《舊約》，各方面都滿意，不只是哲理、哲學方面，文學藝術方面也都滿意。但是我領洗後的幾十年，都不能認可《新約》的文學價值，直到最近才開始認識它的價值。而這也是一樣用慢讀的方法讀《新約》，才知道它不僅在哲學上非常的深刻，乃至於文學上的價值也很高。換句話說，《新約》中人

---

6 有關一教多宗的看法，可參閱本書頁 143-144 及頁 157-158。

物的性格描寫、故事情節的安排、結構布局，都有相當高的藝術價值。

　　單：你在宗教手記裡也提到，《聖經》的文學價值甚高，你舉的例子之一就是《馬太福音》中描寫耶穌的種種。另外，你也提到其實讀經、解經就像文學批評。

　　王：的確。我們有文學批評，那應該也有哲學批評，但沒有人這麼說。所謂批評原則就是了解，understanding literature（理解文學），這就等於 literary criticism（文學批評），那我們也需要understanding philosophy（理解哲學），但沒有人講 philosophical criticism（哲學批評）。我們只知道有 philosophical interpretation（哲學詮釋），但是我們也知道所有詮釋就是批評（criticism）。那麼有沒有 interpretive criticism（詮釋批評）呢？應該有這種說法。就像文學裡面所謂的「詮釋學」（"hermeneutics"），這個詞原先是指解經，有些人翻成「解經學」，這就是從解經來的詞。

　　單：是。有些人解讀、詮釋佛經時，把全經的結構用一個大圖表來呈現。

　　王：噢！那很高明，有人這樣讀經啊！

　　單：有，而且畫出很大、很詳盡的圖表。

　　王：從結構來讀，這就是文學批評，就是討論它的藝術價值。這是在近代還是古代？

　　單：很早就有這樣的作法，稱為「科判」，所以就發覺佛經在結構和用字都很嚴謹，前後呼應。

　　王：你說連詞彙都有結構、有組織、前呼後應？

　　單：是的。

　　王：那了不起，那了不起。因為經文是翻譯的，有很多譯者是外來的法師，不是本國人。所以我從前讀佛經碰到難解的時候，往

往往會推罪給翻譯的人，覺得是他們的中文能力不夠。不過，經過你這麼講，那又是神奇了！因為詞彙前後呼應是相當複雜而且相當高深的文學，一個外來的法師，如果在一個翻譯的語言上都能做到連詞彙都前呼後應的話，那是神奇。

單：所以有時看以往那種細讀佛經的方式，將全經結構仔細分析，繪製成圖表，就深感佩服。

王：那就要有宗教的熱忱才行。那要面壁十年、二十年，不停地讀，才能有這個領悟。

單：的確是，一直讀、一直讀，百遍千遍，深入了解與領悟。從你剛剛所說的，是不是表示基督宗教之所以在中國流傳不廣，是因為在翻譯上不是那麼稱職，還是……

王：我稍微要修正。以前我是有這個懷疑，可是後來想，佛教也有這問題。嚴格說來，佛教的語言也不是很正統的中文，但何以能夠愈傳愈好？為什麼我們在語言的障礙之下仍可以看出佛經的深奧來？為何基督教不可能？尤其是《新約》？從前我都歸罪於翻譯得不夠漢化，但是今天我要修正，我想不是翻譯的問題，而是個人了解上的問題。這些都可以拿《新約》來作例子，初讀時覺得太容易，各方面難以理喻，但這是個假象，我也是後來漸漸才知道，《新約》看起來太淺、難以理喻，其實這裡頭是有大道理在的。

要看得出這一面恐怕也不容易，有時候乃至於我坐在教堂裡，我都覺得是突然之間了解了經文，難道這不是個奇蹟嗎？有時候我自己半夜細讀，也沒有讀出領悟來，為什麼當時坐在彌撒的儀式裡就能有所領悟？所以後來我就漸漸不會歸咎於翻譯的問題，因為未必是翻譯者的文學能力不夠，而是我剛才說的，關於神祕主義，是關乎加持的啟發。我還是用「加持」這個字眼，因為這是外力，這是天上來的啟發。

單：你對於《新約》跟《舊約》的看法有些特別，一般人可能覺得《舊約》裡的故事比較不合理，難以接受，所以基督教反而比較強調《新約》，認為《新約》比較符合人世間的現象，比較容易接受。

王：那也不盡然。基督教有些派別只重視《新約》，而不重視《舊約》，那是因為《舊約》眼界更高，連人世的罪惡、黑暗都寫進去了。因此有些派別考慮到這樣會不會有反效果？它寧可要只是勸善、單方面的經典，不希望善惡兼蓄的經典，就只要《新約》。我們可以講：《舊約》是善惡兼蓄的經典。

單：如果善惡兼蓄，對信徒的信心、信仰會不會是更大的考驗？

王：應該這樣講，如果說《聖經》有教育功能的話，《舊約》這種善惡兼蓄的經文，不適合小學程度的人，因為你很難跟他說清楚，中學程度也不見得適合。很多罪惡的描寫跟人生的個人經驗是相符合的，當你人生有一點經驗之後，擁有更高的判斷能力時，才能夠從罪惡的描寫中有所領悟，才發覺它所描寫的罪惡恐怕就是在寫自己。

單：的確。隨著人生的經驗愈多，或者與信仰接觸、靈修得愈多，即使重讀同一部經典，體認與領會也會愈多。

王：對，一種可能是閱讀經驗的增加，再來我也不排除有加持的恩典在。

單：就我所知，「加持」這個字眼比較是用於佛教，特別是密宗。

王：對，我覺得這個字眼的意思是，需要有外來的恩惠給你這樣的一個禮物。我是借用的，因為覺得這個字是很精確的。

宗教的神祕成分

單：這會不會又回到你剛剛提到的「自力」與「他力」之間的關係？

王：那這就是他力、神力了，因為加持一般就是講「按手禮」，拿手按在你的頭上，這在我們天主教裡面是很普遍的，隨時都有。有的時候它還是老遠的一個象徵性的手勢。有人就說，不按在你的頭上，那有什麼功能？這恐怕都小看了它。有時候它又跟觀音的楊枝一樣，沾了水以後灑到會眾裡頭來，也是一種加持。或者大家會講：「這幾滴水算什麼？」或者有人沒有滴到，以為沒有受到祝福，其實是他沒有看出儀式本身的力量。

單：1998 年我在紐約參加聖嚴法師與達賴喇嘛的三天漢藏佛教對談，達賴喇嘛那時有加持會眾。雖然達賴喇嘛一再強調重要的是要修習出離心、菩提心和空正見，但有位所謂「體質比較敏感」的人事後告訴我，她在達賴喇嘛加持時確實感覺到有什麼東西進入體內。

王：那大概沒有錯，我們寧可相信這一些人的感覺。

單：講到神祕主義，你個人在教堂裡曾經有過類似的感覺嗎？還是只是了解它的象徵意思？

王：幾十年來我在教堂有過一、兩次覺得不同，只有一、兩次。

單：是在哪種情況下？

王：在領聖體之後有一、兩次覺得不同，但是像剛才講的灑水，或者神父舉手施福的時候，我倒沒有什麼特別的感覺。

單：是怎麼個不同？

王：有一種是感覺完全的平靜（peace），另一種是在領聖體之前有一個問題，在領完聖體之後就感覺似乎解決了。

單：即使次數不多，但你還是深信不疑，而且這種經歷也會鞏固你的信心。

王：對，可以增加我蒐集證據的數量。我特別記得一句話，是一個長時間在教會工作的婦女跟我講的，她那句話我反覆思索了很久：「我們的福分都遠比不上這些修女跟神父。」她只是輕輕講了這句，也沒有再跟我講過別的，但是這句話我記得很清楚，我也相信她講的。我們總以為神職人員事情繁重，恐怕很辛苦，但他們的福分比我們大。為何如此？也很合理嘛，因為他們付出的比我們多，個人的名利、家庭、事業，一概奉獻出去了，一概是零，那麼很合理，他們的福分應該比我們多。那位婦女長期在教會工作，看得出他們的福分比我們多。

單：的確。我記得四川汶川大地震之後，法鼓山立即派團前往濟助，其中有位法師在那邊待了幾個月。照說看到那邊的人遇到如此大的災難，應該是很憂苦，而且當時只有少數團體才能進去，而中共也有各方面的考慮和限制，因此在那邊長期從事救援工作應該是壓力滿大的。但是這位法師真心誠意地說，愈幫助人，自己覺得愈快樂。

王：所以，所有的困難（hardships）他都不受影響。

單：他甚至講了一個不知算是神蹟還是好玩的奇事。他們必須用卡車載運救援物資到各地去，而那部老爺卡車經常出狀況，他們就拿大悲水倒到水箱裡，結果車子在災區跑了一整天都沒出問題。

王：這也不是笑話，而實在是一個值得注意的現象，你的意思是說汽油不夠？

單：不是汽油不夠，而是那輛車子本身狀況不佳，很不穩定，經常出問題。

王：嗯，我剛才說「汽油不夠」，是聯想到《新約》中「耶穌

把水化酒」的故事。假如我汽油不夠，把水倒進去，就能跑一整天的話，這和「化水為酒」的道理是一樣的。

單：可能還沒到那種功力，或者……

王：時候不到，不同的場合（occasion）。

單：像是「五餅二魚」、耶穌在水面上行走……

王：對，意思是相同的。當我是中學生的時候，我認為《新約》中「耶穌化水為酒」的故事是一個不太合理的故事，是迷信，這是第一步。後來我接受了它的象徵性的意思，那也不對，但已經邁入第二步。到了第三步，我知道這應該是真實，reality，而不是象徵。

單：你提到真實，讓我聯想到很多年前在美國的電視節目上看到一個相關的報導，有個教派讀《聖經》是完全遵照字面上的意思（literal meaning）。例如《聖經》裡講到如果一個人的信心夠大的話，就是在蛇穴裡都不會被蛇咬。所以他們在聚會的時候就會把玩毒蛇，有些人甚至被咬了好幾次，也沒送命。我不記得報導中有沒有提到有人因而送命，但單單就這個報導本身，就知道是滿引人爭議或側目的。報導中提到一位曾經採訪過中東戰爭的美國有線電視新聞網（CNN）名記者，原先出於好奇去採訪這個教派，但在採訪之後也變成了信徒，他還在報導中作見證。如果用 literal meaning 把神蹟當作 reality，像他們那樣來閱讀甚至行事的話，是他們的解讀和行事方式不妥，還是我們一般人信心不夠？

王：我其實佩服他們，我相信他們的作法是對的，而且必然可以出現像《聖經》所說的效果。

單：那怎麼來定義這個信心正不正確或足不足夠？是由哪個人沒被咬，反過來印證他的信心正確、足夠？

王：他不被咬，這已經不容易了！如果一群人都不被咬，就不能再說是巧合了，是不是？

單：有人被咬了好幾次，但是沒有死……

王：遇險卻絲毫不傷，這種事蹟在《聖經》裡記載了許多，《舊約》、《新約》都有，大家都相信這個神蹟，認為是事實。剛才你說的這件事，既然他們真的讓蛇咬，也確實不受傷，電視上也報導了，那這是事實。

單：但是對於那些不幸被毒蛇咬了、甚至死了的人來說，是因為他們的信心不夠？或者是倒楣？還是他們的讀法不對，把《聖經》讀錯了，才會有這種令外人匪夷所思的大膽行徑？

王：你是說這一群人這樣做的時候，結果有人死了，是嗎？

單：我已經不太記得了，但至少那位記者當初是抱著懷疑的態度去採訪的，所以我猜想原先可能有些人出狀況。

王：對，不同的教派有不同的想法，有的教派主張要進毒蛇的洞穴，以身試蛇，但另一個教派就覺得這麼做是太過頭了。這又是一個很大的神祕。首先我會肯定這樣的選擇沒有錯，在我想，十個人裡頭如果有七、八個人毒蛇不傷的話，那就不能再說這是巧合了。你的問題是：怎麼解釋那兩個受傷或者死亡的人？有一個解釋是，可能之前要求齋戒的準備不夠，可能他的禱告不夠，那也等於是說不夠虔誠（pious）。第二個解釋，可能是心裡犯了罪或者心裡有懷疑。就像《聖經》講的，耶穌在海上走，叫彼得走過去，彼得相信祂，所以走過去，但當心裡一起疑就掉下去。還有，這個受傷的人也許只是受傷，到醫院還救得回來，可能多一個曲折的過程。還有第三個解釋，就算八個人活了，這兩個人真的沒有活，而他們也做過祈禱、齋戒的準備，遵守了一切的規定，結果還是不治，這也不影響其他八個人存活的事實，那麼這兩個人的死亡還是不會動搖我的信仰，因為這兩個的死是屬於神祕，要神來解釋。

宗教態度

單：記得第一次訪問你是 1983 年，那時是為了撰寫國際會議的
論文，準備了很多卡片，每一張卡片上寫著一道問題，向你當面請
益，先後進行兩次訪談，整理出三萬多字的訪問稿。第二次是 2000
年 1 月 21 日，《背海的人》剛寫完。這次 2010 年也是 1 月，相隔
竟已十年。其實為了今天的訪談，我原先看了很多資料，準備了很
多問題，但後來發覺題目可能太瑣碎、太枝節了，於是今天上午到
研究室時，又整理出了比較大方向的提問。很高興的就是，雖然你
我的宗教信仰不同，一個是天主教，一個是佛教，但其實不同宗教
之間有很多基本的觀念是滿相近的。

王：這也是我要強調的一點。我們的教宗在這方面也有這樣的
想法，只可惜他沒機會閱讀中文。中國的宗教，尤其道教、佛教的
紀錄，多半都在筆記小說裡頭，當然宗教本身也保留了很多紀錄。[7]
假如我的教會高層了解中文的話——但是我讀的也有限，因為數量
太龐大了，成千上萬本是吧！——教會的高層假如了解中文，也許
更能看出東西方宗教的雷同。

單：在這方面，以你對中西文化的認識，會對自己的角色有什
麼期許？

王：我只能做到希望大家都有同樣的立場。我一直認為宗教其
結果應該是一教多宗的，這是我一直想講的。但我也只能嘆息，這
麼多中國的證據，怎麼看得完？光是筆記小說就是證據，千百萬本，
那其間一行一行、一段一段，都是故事，都是證據，也不知道有多

---

7 王文興在 2011 年 4 月 22 日接受法國藝術暨文學騎士勳章的演說稿中，大半篇幅是在
呼籲世人重視中國傳統筆記小說的價值。演說稿〈臺灣的珍貴遺產〉收錄於《原來
數學和詩歌一樣優美：王文興新世紀讀本》，頁 154-155。

少！我都不會把它當成神怪的 nonsense（胡說八道）來讀。中國的讀書人多半都很誠實，應該不會說謊，何況他寫下來是準備要傳之於後代兒孫的，何必昧著良心說謊？！所以這些資料我認為都很珍貴。今天不但宗教需要它，科學研究也需要它。科學研究今天已經到了瓶頸了，已經願意觸及宗教了，所以絕不能忽略中國這些非常可貴的瑰寶（treasure）。

單：談到一教多宗，會不會又有宗教爭相宣稱自己最接近哪一教，或者說自己是源頭、是正、是主，而其他宗教是支流、是偏、是從？

王：是有可能。但是先有了一教多宗的共識以後，就比較容易溝通，也比較能夠包容別人。也有一些人問過我，既然信了天主教，又認為是一教多宗，那我為什麼不改信佛道？為什麼只執著於一個宗教？我的感覺是，這跟讀大學一樣，我已經上了大學，念到大三了，何必要重頭再讀別的學校？雖然別的學校也不錯，但我不想再換學校，大概就是這個道理。不是說我否定別的學校，而是我讀我的，十分方便。除非我的學校真的糟到極點，教的書根本都是胡說，那我再想辦法轉學。否則我不需要每天考慮轉學，真要轉學，又可能一年級轉一個學校，二年級轉一個學校，三年級再轉一個學校，轉得暈頭轉向。如果各校的程度差不多，我會選擇不改不動。[8]

單：是，今天非常謝謝你針對文學與宗教接受我的訪談。雖然我們師生近三十五年，而且知道彼此對於宗教都很認真，但很少有機會談宗教，而且好像一般人都很避談宗教這一塊。

王：的確，因為覺得羞恥。我也不客氣地講，這很糟糕。有些人認為信仰是個羞恥，如果你高聲談，就真是無恥（shameless）！

8 有關一教多宗的看法，可參閱本書頁 132-134 及頁 157-158。

這個現象，連我們教堂的教友都如此，不敢講，因為怕被人笑，或怕引起別人的反感。

單：佛教會說是不是契機？也就是時機（timing）和場合（occasion）是不是適合？比如說，佛家講「佛度有緣人」，有些人在那個環境下，可能有些條件沒有配合，所以還不能接受。

王：要讓人接受，光靠理論恐怕不行。對一般人來講，都是要實地生活，讓他們整個人轉化（transform）過來。有個非常成功的電影明星，遇到了大事情，自殺不成，第二天佛度有緣人，一個法師跟他講一句話，他就把頭髮剃了。你說，是因為理論有多深嗎？其實未必，未必是被教義說服，而是由他自己的行為、經驗而體認。

單：是，確實是。不好意思，今天占用了你很多的時間。

王：沒有、沒有，機會難得、很難得。不過，宗教方面，一來我覺得自己沒有資格講，因為我沒有正式上過神學院，這些話也許讓神職人員來講更好。但是因為你說這次訪談跟文學有關係，我也願意討論這個議題時兼談文學，所以講了一點我的感想。至於閱讀，我還差得遠，《聖經》我也沒從頭到尾讀完過，只是抽讀。以前我有過一個心願，要讀完《聖經》，幾年前開始讀，也進行得不錯，後來我放棄了，主要是時間不夠，我預備將來再重新繼續閱讀。

單：你讀的《聖經》是中文版還是英文版？

王：我當然是讀英文的版本。

單：是欽定版（King James Version）嗎？

王：沒有那麼古老，是現代版，我也不分教派，手邊的《聖經》都是現代版，內容彼此多少有些不同，有的版本保留一句話，有的版本刪掉一句話，大體上是一樣的。這是讀不完的，要讀神學的人才有能力來解答很多問題。

單：其實不管哪一個宗教，專職神職人員人數都有限。

王：是。

單：佛教就有僧俗四眾之說——比丘（出家男眾）、比丘尼（出家女眾）、優婆塞（在家男眾）、優婆夷（在家女眾）。一般人有家庭、職業、社會上的責任和義務，無法全心投入宗教，但也可能在護持宗教方面扮演了相當重要的角色。我的意思是，每個人的緣分不同，站在各自的位置上隨緣盡分。

王：還有，我們要求化人，恐怕還是太困難了一點，頂多是做到自己能夠有所改變、有所轉化，這已經是很難得了。

單：大乘佛教認為可以一邊修行，一邊助人，自利利人。因為若要等到完全修好了才來幫助別人的話，可能永遠沒有助人的一天。此外，與人互動也可借境煉心，因為打坐固然是練習定力，但是要到十字街頭才能看出你的定力經不經得起考驗。

王：是，道教也很高明，老早就這樣子，修行人有兩、三年的時間要到街上去，一毛錢都不給你，你活得了，才通得過，這都是神蹟。北方的冬季冰天雪地，那些道士身上一毛錢都沒有，沒有什麼可供吃喝，也捱過去了。從古以來相關的文字記載太多了，都是有憑有據的。好，我們就談到這裡。

宗教與文學

主訪：單德興、林靖傑
時間：2010 年 4 月 25 日
地點：臺灣大學總圖書館旁

左起：林靖傑、王文興、單德興，攝於臺灣大學總圖書館旁。（林靖傑提供）

前言

2010 年 1 月 11 日，我與王文興老師再度訪談，這是自 1983 年以來與他的第三次深入訪談，也是第一次以「宗教與文學」為主題。兩人於臺灣大學明達館的 Living One 餐廳由下午談到天色漸暗，將近一百一十分鐘，文長兩萬數千字，卻依然覺得意猶未盡（全文見前一篇訪談）。

另一方面，林靖傑導演應目宿媒體之邀，拍攝王文興紀錄片《尋找背海的人》，需要找人與王老師對談，王老師建議拍攝我與他的宗教訪談，於是透過陳南宏製片與我聯繫，約定 4 月 25 日上午十點在距離王老師家不遠的臺灣大學總圖書館旁會面。

這些年來我所做的幾十次訪談通常只有主訪者與受訪者，頂多加上幾位聽眾，但這次卻是以紀錄片為著眼點。因此，當天到場的

除了導演、製片之外，還有不少攝影、錄音等工作人員，陣容相當浩大。待王老師和我在小徑旁的長木桌邊坐定，幾隻攝影機和麥克風隨即找位置，不時調整，希望取得最好的畫面和音質，也有人以數位單眼相機拍照，王老師和我則完全配合。一切就緒後，就開始進行訪談。由於是在戶外，星期天的小徑上不時有人路過，老少皆有，其中不乏全家福，投來好奇的目光，有時還佇足觀看。工作人員唯恐影響影片的拍攝，但王老師總是客氣地說，這是公共空間，其他人本來就有權來來去去。

雖然這次訪談的焦點依然是文學與宗教，但我準備了一些不同的題目，林靖傑導演事先也與我交換意見，提供了若干他想要問的問題。中間除了一次因為錄影帶即將用罄而不得不暫停之外，一路都很順利，最後連導演也忍不住加入，詢問一些他關切的問題。訪談全長將近一百四十分鐘，由於內容有趣，並不覺得冗長。令我驚訝的是，主題雖然與上次相同，內容卻繁複多樣，而且大異其趣，可見文學與宗教是可以反覆深入探討的主題，也可看出王老師對此議題的多方思索。訪談結束時，不知不覺已日正當中了。

後來紀錄片《尋找背海的人》因為時間限制，未能納入當天拍攝的畫面，王老師覺得可惜，希望訪談內容

「他們在島嶼寫作‧文學大師系列電影」之王文興——《尋找背海的人》。

「將來可轉為文字稿」，留下另一種紀錄，也算是紀錄片的外一章。
訪談錄音經朱瑞婷小姐謄打，由我修潤，經王老師仔細修訂後定稿。
「他們在島嶼寫作」臺灣文學家系列紀錄片在華文世界走紅，《尋
找背海的人》獲得 2011 年第十三屆臺北電影節「媒體推薦獎」，
2012 年第八屆臺灣國際紀錄片雙年展「臺灣評審團特別推薦獎」與
「國際長片競賽優等獎」，以及 2013 年第四十六屆美國休士頓國際
影展「影視製作自傳類金牌獎」，則是後話。

宗教歷程與終極關懷

單德興（以下簡稱單）：你在早期的作品中就對命運的問題很
感興趣，請問你是如何形成自己的宗教關懷或終極關懷的？

王文興（以下簡稱王）：對宗教有興趣，跟對人生的各種問題
有興趣，兩者是可以畫上等號的。但是，可能有些人是先對人生問
題有興趣，然後再對宗教有興趣，所以這個等號的左右就有先後次
序的不同。我個人基本上跟所有學文學的人一樣，對人生的問題都
有哲學上的興趣，至於什麼時候正式接受宗教，確切的時間我也說
不上來，這就像成長的過程一樣，說不出到底是哪一天長大，而只
是逐漸、逐漸地，沒有特殊的哪一個時間、沒有特殊的哪一件遭遇，
但還是可以問、可以答，可以說出為什麼來。

單：那是為什麼？

王：為什麼？就是愈來愈覺得人生困難很多，不是個人能夠解
決的。這種種的困難，日常生活也有，於是逐漸、逐漸地感覺到需
要外力的介入、幫忙或援助，而這外力就是宗教，而且累積下來也
覺得這外力愈來愈可靠，這大概就是為什麼的答案。由於這種可靠
的累積，使得自己願意走上這一條路。

　　單：就算是宗教方面的外力，但也有不同的宗教，而你為什麼選擇了天主教？

　　王：首先，我不否認一般中國人的外力多半是佛道，但是我為什麼沒有選擇佛道，這也許跟自己的閱讀有一點關係，因為外文系背景的關係，我的閱讀主要在西方的範圍，容易接觸的是基督教。當然，我在摸索的同時，也摸索過佛道，乃至於今天有了信仰以後，我對佛道的閱讀還是沒有間斷。如果再進一步問，除了因為西方文字的閱讀讓我選擇基督教之外，還有什麼原因呢？那就要回到我最後決定領洗的時候，我是怎麼想的。當時我已經步入中年，我當時怎麼想，在幾個宗教裡面有沒有做個明白的選擇？這也是有的。

　　那麼，除了閱讀的影響外，這又是什麼呢？

　　我嚴格地考慮過，佛教基本上是無神論的。這一點別人不一定同意。但以釋迦牟尼個人的遺言來講，他明白說過：「佛家是無神的。」那麼為什麼今天的佛教不是這種現象呢？我個人也不太清楚，只能說佛教是發展出來的，就是從釋迦牟尼的少數經典，發展出更壯大的一個宗教。假如佛教後來真的是有神的話，那這種有神的觀念應該是從印度教轉化來的。所以，有神的宗教是佛教，還是印度教，我當時做一選擇時，可能列入考慮。

　　那麼，再問為什麼不是道教？我二十六年前（1985 年）決定信奉天主教時，必須承認我對道教的閱讀比較少。後來才開始閱讀一些。我不敢貿然去選擇道教，可能這是一個原因。後來我信仰天主教之後，純粹以神的觀念來看，漸漸就發現恐怕道教跟基督教是最接近的，乃至我懷疑中國道教的來源說不定是猶太教或基督教。我的想法有些證明，史書上看過唐朝的建國者可能是流浪到中國來的猶太遊牧民族。他們何以尊崇道教？在我看來，他們是發現一個和他們信仰最相近的宗教，然後為了入境隨俗就尊奉道教為國教。我

也漸漸發現道教和基督教是很相近的。[1]

　　當年我沒有想這麼多，也還不知道這些。當年除了我剛才講的最大的影響──閱讀──之外，還有一個促因就是實行。這怎麼說呢？那就是，在我領洗之前，我曾嘗試過祈求外力的幫助，這個外力的目標就是基督教的神。然後，在實行上，也屢次證明是正確的，亦即這樣的祈求經常都是有效的。所以在領洗之前，我最熟悉的對象就是基督教的神明。

　　單：你這裡所講的基督教是泛稱的基督宗教，包括基督教和天主教？

　　王：是的，兩教裡有關神的觀念是一致的，沒有不同，所以一般都稱為 Christianity。因為前面說的幾個原因，使我做了信奉天主教的選擇。這選擇也毫無困難，有了實行的基礎、有了實行的影響，末了的選擇等於是水到渠成。

　　單：你提到宗教信仰的選擇牽涉到自己的背景，也就是有關西方文字的閱讀。能不能更明確一些，比方說是哪些神學家、宗教家的作品，乃至於哪些基督教和天主教作家的作品，讓你透過閱讀他們的文字，而決定了自己的選擇？

　　王：這些在文學裡面是無數了，因為文學的宗教詩就不知道有過多少。英國浪漫主義以前的詩難免都是宗教詩，美國十九世紀詩人狄瑾蓀（Emily Dickinson, 1830-1886）的詩作也都是宗教詩。這些詩作都可以提供些宗教養成上的訓練。詩方面的影響是最多的。至於小說方面，比如英國的葛林就是我閱讀比較多的一位，其次是法國的莫里亞克；還有德國的伯爾（Heinrich Boll, 1917-1985），也是天主教作家。另一位就是猶太作家辛格（Isaac Bashevis Singer, 1902-

---

1 可參閱上一篇訪談〈文學與宗教〉，頁 132-134。

1991），他那些純粹猶太教的小說確實給我很大的影響，甚至超過葛林。文學方面的影響來自這幾位詩人和小說家。

可是對我來說，純粹的神學可能比文學還重要。第一個是法國哲學家巴斯噶，他的《沉思錄》（*Pensées*）帶給我很大的影響。第二個是英國路益師的神學著作，小本小本的，闡明基督教的精義是那樣的清楚，也給我很大的影響。說不定這兩人的影響超過前面文學的影響。自從我正式有了信仰以後，反而也接受很多其他宗教方面的神學著作。也就是說，我自從信了天主教之後，反而也大量閱讀佛經和一些道教的著作。我為什麼閱讀它們呢？因為它們都可以幫助我的信仰。首先，修行上是一模一樣的，而戒律也是一樣的。至於神學方面的觀念，道教幾乎也和我們一樣。佛教對神的認同或許不多，但對「空」的觀念很清楚。一般講，基督教也不排斥空的觀念，所以佛學對於空的觀念讓我也收穫很多。不只我一人如此，我記得臺大外文系以前有一位修女教授，姓王，是比利時神學院的神學博士。她離開臺大時送了我一本書。是什麼書呢？竟然是《華嚴經》。她說這部經很好，勸我讀，我到現在也都還留著。我想她一樣也從佛經裡得到很多啟示。

個人宗教經驗與觀點

單：除了閱讀的影響之外，還有就是實行。你提到屢屢證明為正確，能不能舉一些具體的例子？

王：我只能說是日常的煩惱小事，包括人事，問題的解決，也包括生病等等。我在上一回訪談時跟你就講過，別的不講，便是感冒等等小恙，都可以藉由祈禱來化有為無的。當然有人會說：「為什麼有些修行高的人還會生病？甚至還得重病？」這兩者是不牴觸

的。祈禱的應驗應該以每一次來決定它是否有效。假如千百次都證明是有效的話,那麼就可以接受,可以信任。至於說哪一次得了重病,根本救不回來,那跟前面的成功是不牴觸的。千百次的成功還是成功,一次的失敗也不能推翻前面的成功,一次失敗那就是天意了。誰都知道,人生是由天不由人的,當然少不了碰到天意不從人願的時候。所謂天意,是誰都不能挽回的,最明顯的解釋當然就是人生那最後一次的生病。如果不是人生最後一次生病,而是人生其他的事,經過祈禱,仍然失敗、仍有挫折,那該怎麼解釋?照我看,那這也是天意,這是天意安排的結果。這跟剛才我講最後的一次生病又有不同,最後一次生病我們解釋得來,而這安排,則是上天另有理由,或者是一個測驗,或者是上天給人一個轉變、一個轉機。[2]例如我深信教宗本篤十六世絕不會因為眼前這一次困難改變他的信仰,[3]我個人也絕不會因他遭遇這一困難而動搖我的信仰。這些是我在信仰實行上近來產生的一些感想。

　　單:有關祈禱的應驗牽涉到修行,其實修行在許多宗教有共通之處。能不能請你就個人祈禱上的體驗說得更明確些,比方說,你每天有沒有固定的時間祈禱?祈禱的內容?方式?有沒有進入過類似佛教所說的「三昧」或「定」的境界等等?

　　王:首先,要依規定嚴格遵守的,就是每週的彌撒;其次是個人每日祈禱。我每日的祈禱基本上採用〈天主經〉和〈聖母經〉兩篇經文。如遇到一些遭遇的時候,個別的祈禱也是採用〈天主經〉和〈聖母經〉;後來我也會加上〈玫瑰經〉。日用的經文可以很簡單,這跟佛教的淨土宗有些相似,淨土宗就認為可以什麼都不理,只專

---

2 可參閱上一篇訪談〈文學與宗教〉,頁 110-111 及頁 119-121。
3 此處係指教宗本篤十六世面對新聞媒體揭露教會掩飾教士性侵醜聞一事。

注一部經文、甚至一句佛號。我想天主教、基督教也會同意這個看法。光是一句佛號，我們也是如此，一句的呼喊，對神的呼喚就夠了。這說的是在奉行上。如此看來，應該說我在奉行上是相當潦草的。如果祈禱上都要嚴格遵守的話，那一定都要百倍於我，齋戒上也一定百倍於我。這些，在我個人，都還在摸索學習的階段。我肯定認為，祈禱遵守得愈嚴格，其收穫也一定更大。因為，整個宗教的過程，無非就是付出與收穫，彼此的往來，give and take，不可能平白地收穫，毫無付出。

　　單：你剛剛特別提到〈天主經〉、〈聖母經〉和〈玫瑰經〉，你覺得自己讀這些經文和讀文學作品，在態度上或方法上有沒有一些相同或不同的地方？它們對你的效應有何不同？比方說，經文是你沉思、冥想的對象，和閱讀文學作品有沒有本質上的不同？還是說你一樣是很專注，就像你讀文學作品一樣？因為你一向強調閱讀文學作品要很專注、緩慢，仔細體會每一字、每一句的用意。

　　王：有關經文，兩種方法都可以採用：當文學讀，可以讀得通；不當文學讀，當作一種不可解的經文、符咒來讀，也可以通。起初對這些經文我也是茫無所知，覺得所講的話也沒什麼道理。後來漸漸有所領會，比如說，每次彌撒一定要朗誦的〈信經〉，全文三百字左右，到很晚我才發現它已將天主教的神學全部濃縮在內，讀的人如能深切體會，其他的都可以不必讀了。這一篇〈信經〉，首先介紹神的本質，繼之介紹耶穌的本質和任務。這很重要，說明為什麼要信仰祂？確實必須說明，因為一般人太容易拒絕相信、太容易認為這是一個編造的謊話。〈信經〉然後再包括耶穌一生的傳歷；再強調信徒該有的態度；再解釋三位一體，特別說明聖靈是什麼；最後，再給教徒勸告——將來應該怎麼做。所以，不論講個人也好，教會也好，還是講教義也好，都包含在裡邊了。

〈天主經〉和〈聖母經〉也都有這優點。〈天主經〉解釋天主和信徒之間的關係；〈聖母經〉也是如此，聖母的本質是什麼，聖母和信徒之間的關係如何，都講得很清楚。一般人如果對哲學沒有興趣的話，不會想這麼多，讀的時候就跟小和尚念經一般。但是我，附帶講一下，必須說，小和尚念經也是對的，根本也就是一條正確的路。即便小和尚念的是印度文的經文，它也是正確的一條路。我們對經文的閱讀，可以是理智上的了解，也可以理智上一無所知，如果就當符咒來念，也是通的。像是讀梵文的經文，即使內容完全不懂，光是把聲音念出來，也是正確的一條路，而且是神祕的一條路。

單：一般人對於「小和尚念經」的觀感是比較負面的，也就是「有口無心」。

王：我必須說，應該是「有口有心」。他對經文的了解是無心，但只要他念就是有心。他為什麼要念？就是有所祈求，那就是有心。所以任何事情兩個宗教的看法都可以相同。這樣念不是有口無心，而是有口有心。我先講自己的宗教，到底天主教是什麼？我能肯定地說，那就是迷信。

單：你所說的迷信，前後要不要加引號？

王：不用加引號。就是迷信，迷信有什麼不對？

單：那你對迷信有什麼特殊的定義嗎？

王：沒有特殊的定義，就用一般的定義，一般是負面的，一般人都搖頭，否定地對待它，但是這種否定性的特質，也就是它正面的價值──所以非迷信不可。甚至可以，迷信以外一無所有都無所謂。一般人嘲笑執迷不悟，其實真正的信仰就是執迷不悟。這個「迷」，就是迷信的「迷」，不必修正它。要能做到真的執迷不悟，那才是合格的教徒。別的不問，難道宗教只是給大學程度的人設立

的嗎？一定要讀很多經典才能懂宗教嗎？那不識字的人怎麼辦？神可能沒有仁愛嗎？祂不是要你了解教義，祂就是要你執迷不悟，就是希望你迷信就好了。多少不識字的人、多少販夫走卒，怎麼救他們？怎麼幫他們？就是給他們經文，照著聲音背就好了！

單：佛教淨土宗常常強調一句佛號就夠了。

王：整個佛教的精要就在那一句，是吧？悟了半天就悟了那一點點，這就夠了。

單：我剛剛之所以要特別跟你確認你所說的迷信是不是要加引號，是因為牽涉到知識分子和宗教的關係。一般認為知識分子比較難契入宗教，因為他們習慣用理解的方式，或者比較保持懷疑和批判的態度。而你不但是高級知識分子，又是大學教授，也是很知名的作家，所以一般人可能對這個迷信的說法比較難以接受，或者認為你所說的「執迷不悟」指的是非常投入。

王：就是「迷信」的「迷」，沒什麼不對，不必改這個字。就是要抓住這個字。這個迷信是我們宗教的靈魂，宗教的生命，缺了它什麼都沒有。

單：那還要不要悟？

王：迷就是一種悟，不需要其他的開悟。其他的開悟是額外的收穫，可以增加人生的歡樂。就好像我信了宗教以後，我先是迷信，迷信之後我再去讀神學著作，從裡邊得到很高的喜樂。就等於我信仰之外多聽了一首音樂，是這一種的快樂。至於說，對我原來的執迷，則一點幫助都沒有，絕不加分。正信也許只是對一般人講時採用的語彙，其實在我看來，迷信就是正信。此外，就一般人的水平而言，就算佛道不分，害處也應不大。我老早就覺得所有的宗教都應看成一教多宗，也就是因而各教有各教的心得，各教有各教的法門，藉此去了解這個最後、最高的存在。總的來說，我們是人，人

的智慧都是很有限的。[4] 所以應該說，在一教多宗之下，每一教都只是以管窺天，所看到的天都是那最高宗教的一部分，都是很有限的。你剛才說各宗教間需要彼此尊重、了解、溝通，是對的、應該的。所以，就是很小很小的地方宗教，乃至別人認為可能是邪門巫術的，我對它都有一種尊敬，我都願意測探它在教導些什麼，它的發現極可能是我的宗教還未嘗發現的。

信仰的躍進

單：你剛剛提到迷信，這會不會牽涉到你當初決定信教的那個關鍵時刻？你以往提到齊克果的 "leap of faith"（信仰的躍進）這個觀念對你的影響。在你踏出那一步、要躍進的時候，其實是要有相當的信心。

王：這倒沒有什麼關係。我當初領洗接受信仰，的確是因為齊克果這句話的影響，他希望追求信仰的人應該跳一步，跳進信仰。換句話說，先信再學。[5] 我反而不是一開始就說我該迷信，當時我還沒有這個結論。剛開始時，我只覺得路很長，這裡頭該學的太多，不知道要學多久。我是等過了十年、二十年之後，方才有這個信心，相信迷信，願意迷信。現在的確也知道，真的它是學不完，但最重要的重點應該就是，要迷信。

單：那你現在怎麼個迷信法？

王：我的迷信就是，我相信，整體來講，神都在看你，而且神都會介入，這是第一點。這個信仰要很堅強才可以。然後講到實行

---

4 有關一教多宗的看法，可參閱本書頁 132-134 及頁 143-144。

5 參閱上一篇訪談〈文學與宗教〉，頁 108。

方面，要相信祈禱的功能，祈禱的大功能。如果你達到堅強的信仰了，也完全信賴你的祈禱，那麼你的宗教觀念就很牢固了，沒有一點的疑問。下一步就比較困難，而這才是神要我們做的。先要知道，為什麼神要給你那麼多恩惠，幫你的忙，然後讓你認識祂，最後讓你信仰祂，認為神存在？這是有理由的。神有極慈悲、極仁愛的理由。祂希望你從這個結論跳到另一個領悟上：你認識了神、絕不懷疑神以後，下一步就會跳到相信永生的存在、永恆的存在。因為你相信了神以後，無形中就等於相信了神所在的那永恆的空間。那麼，你跟神有一種靈的溝通以後，就會進一步相信：當你的肉體離開世界、化解以後，你的靈繼續還要跟神溝通，你的靈還要存在，這就是永生的觀念，這就是靈魂不死的觀念。這個觀念是神給人最豐盛，最仁厚的禮物。

　　單：我留意到你的說法是「跳到另一個領悟」，會不會就是「執迷而悟」的過程？

　　王：執迷而悟……可以的。我想任何一個普通人都可以先從迷信，然後悟到人生過完後還有永生，悟出永生來，就是這麼簡單。其結果可能是想：「人生過完之後，我肯定自己不是去天堂，就是去地獄。」這一種想法也可以，這可以和永生畫上等號。能夠進入這樣的境界也已經是進步，此一境界就是神祂最終要我們領悟出來的。這是恩惠，是很大的禮物。神給人一生的禮物你已經覺得很豐富了，祂最後再給你這個認識，就是告訴你身後還要給你一個更大的禮物，更長遠的禮物。

　　單：你現在已經超過七十歲，照儒家說法應該是從心所欲了，就生死大事而言，就是你剛才的領悟嗎？還是有其他更多的領悟？

　　王：剛才這個領悟是不分年齡的，有人可能一個字都不認識，但從小就迷信，相信天堂、地獄，那他很幸運，很早就得道了。

王文興。（單德興提供）

單：你本身也是作家，你覺得祈禱的專注和你從事文學創作過程中的那種專注，有沒有一些相同或不同的地方？

王：專心應該是一樣的。不要說創作，就拿閱讀來比，你閱讀任何一段文字，要是不專心的話，也讀不出所以然來。人祈禱時的專心和閱讀一段文學、讀一首詩是相等的，不會更超過。再換句話說，這個專心就是沒有雜念，不能有外界的干擾，專心一志不想其他。就這一點，祈禱和讀詩是完全一樣的。

單：祈禱是宗教中很重要的一個因素或法門，照你剛剛的說法是與神溝通，照佛家的說法就是「感應道交」，這和閱讀文學作品有沒有不同？還是說閱讀文學作品是與作者感應道交，而祈禱是與天主感應道交？

王：我必須說明我個人沒有任何宗教上的神祕經驗，我並沒有在祈禱的時候得到神示，像聖女貞德那樣聽到聲音，也沒有在夢裡

得到啟示，完全沒有。所以，我在祈禱時的專心只是跟讀詩的專心
相等而已。如果神和我有什麼溝通的話，不是在我祈禱的時候，而
是事後。比如我剛才講最基本的祈禱就是有所祈求，希望得到答覆
——不一定是語言的答案——我只要看見了答覆，就知道完成了我
和神的溝通，除此之外並沒有任何的神祕經驗。

　　單：也就是說，你祈禱的專心程度就和讀詩一樣，沒有雜念。

閱讀《聖經》的方式與心得

　　單：能不能談談你讀《聖經》的方式？

　　王：《聖經》是表面讀起來很容易，甚至於看來幼稚，很多中
國的讀書人不願讀《聖經》，因為認為它太淺易，認為是對人智慧
的低估。但這就是《聖經》神祕的地方，它似易實難，是我讀過最
難的書，比佛經難多了。佛經之難主要在於文字，中國古代佛經難
讀，在於佛經不光是文言文，而且是印度文的翻譯，可說是難上加
難。這一點造成了佛經文字的障礙。但是文字障礙的背後並不難，
一旦佛經改成白話文，一般中等程度的人都可以了解。

　　《聖經》的難不是文字難，相反，《聖經》的文字容易到兒童
都看得懂，但是文字的背後非常難。以《聖經》的《新約》與《舊
約》來講，《新約》比《舊約》更難讀，這也是修訂我以前的錯誤。
早先我讀的時候能夠很快了解《舊約》，知道《舊約》的優美，但
是我也曾幾十年沒辦法接受《新約》。那麼《新約》難在什麼地方？
第一個例子，我們看描寫耶穌復活那一段：耶穌復活，在路上出現，
跟門徒講話講了很久，門徒都沒有發現祂是耶穌，等祂離開之後，
門徒才恍然覺悟，剛才跟他講話的人是耶穌。這一段要是放在小說
裡面，都是第一流的心理描寫。但這個靈異現象，讀的時候常常遭

人忽略，它的文學價值很少被人看出來。

再看另一個地方，看是怎麼寫耶穌復活。這裡說，彼得重操舊業，跟其他門徒在提比哩亞（Tiberias）海上打魚，打了一整夜始終打不到。太陽出來，他看到岸上有個人，老遠跟他打招呼。那人對他說：「把網朝船的右邊移試試看。」船上幾個人聽了他的話，把網朝向右再撒一次，結果，撈到的魚不知多少。這時，船上有個人忽然同彼得說，岸上的那個人就是耶穌──這時耶穌人已經不在人間了。聽到這句話，彼得連忙穿上衣服，跳到水裡，游了過去。這句話仔細讀，才會知道有多好。彼得為什麼要穿上衣服？這是尊敬，他知道該人是復活的耶穌，他不可赤身露體地去見祂。他為什麼要跳進水裡游過去？那是因為他急切，他要趕到耶穌身邊，等不到這條船划到祂身邊；他怕錯過了機會，他深怕這復活的耶穌剎那間又不在了。當然也可以因為他對祂的景仰、感情，使他立刻跳進水裡游過去。「跳到水裡游過去」這幾個字的描寫，人們很容易忽略掉其中的文學價值。類似這些，在《新約》裡邊很不少。

又比如說，耶穌被出賣，釘在十字架的前一晚，與門徒共進最後的晚餐時，知道自己要離開了，就突然拿水來，替每一個門徒洗腳。這件事教內教外的人都耳熟能詳，以致後來變成了一種儀式，大家都競相模仿。那麼這儀式的意思究竟是什麼？通常都把它解釋成替人類服務。然則，如果我們細想，至少我個人想，耶穌最後給人一個替人服務的遺訓，可能性恐怕不大。謙卑的替人服務，這是一般的解釋。我在想，可能還有別的解釋。我的解釋，是把它視為另一種洗禮。十二位門徒初初入教的時候，耶穌曾給他們從頭澆水洗禮，臨走的時候，再給他們第二次施洗。那為什麼第二次施洗不也從頭部？因為，第二次施洗的意義不同。第二次是把這些門徒看成一棵棵樹，要用聖水來灌溉他們。那從哪裡灌溉為宜呢？從根部

灌溉。所以他是在根部（腳部）給予施洗。

如這樣想，就可以兩相比較一下入教時洗禮與現在施洗的意義。剛入教的門徒，只等於是幼苗——幼苗怎麼澆水？當然是從頭上澆。等到這些門徒跟隨他多年，信仰也有了長進，等於這些幼苗已經長成樹了，那麼，現在基督要離開人間，臨走時就再次給他們施洗，希望這幾棵樹能夠高大，強壯，所以這回洗禮從根部來灌溉。我想這才是祂最後施洗的意思。這次的施洗是個恩賜，是要賞給他們能力，好讓他們可以發揚祂的教義，所以才用水給他們這一增強實力的賞賜。像這樣的一段，就是《新約》裡初讀時易於忽略乃至易起反感的地方。

單：你這個耶穌為門徒洗腳的解釋，我還是第一次聽到，覺得很新奇。《聖經》裡也說，耶穌是以寓言（parable）的方式來說話，其實不止說話是寓言，甚至有些動作也都有很豐富的象徵意義。

王：的確。關於喜歡用寓言這一點，不同的宗教也都相同，別的宗教可能寓言更多。似乎天上的神是要用暗示來講話的，人的語言大家都明白，神的語言則為語言後面的語言，語言表象後面的語言，而寓言就是言外之言，那麼寓言就是神的語言。象外之象、言外之言，這都不是我們凡人的境界和領域。

單：你在文學的閱讀與創作方面有多年的經驗，對《聖經》又有如此獨到的領會，據說有些神職人員對你的《聖經》解讀也相當推崇，可不可能開一系列的講座，這對一般讀者乃至於神職人員都可能有另外的啟示。

王：這一點恐怕很困難。原因是我還不能廣闊地了解，我只有一些點式的領悟。點式的領悟如果累積多了的話，或許可以出來解釋，但目前這方面的能力恐怕我還不夠。

閱讀中國宗教文學的領會

　　單：你讀《聖經》有這些特別的領悟。你剛剛也提到，自己有了堅固的天主教信仰之後，開始大量閱讀中國的一些宗教文學，請問你在閱讀中國宗教文學時有些什麼領會？

　　王：首先，我驚訝中國的宗教文學價值如此之高。接著我更驚訝文學史對宗教文學的全面忽略。中國只勉強地接受佛家意味的文學，比如說蘇東坡的禪詩，至於歷代和尚寫的詩，則一概不加理會。中國對道教文學也極矛盾，他們同意王維的道家文學，但真正代表道家神學教義的文學，卻一概不予接受。士大夫認為道士寫的都是叫化子唱歌，道士寫的道情都不接受。所以中國文學史等於抹煞了所有的宗教文學。

　　單：寒山、拾得呢？

　　王：以往的文學史幾乎沒有寒山、拾得，一直到很晚才勉強收進去，再說這兩人也不算太優秀的詩人，應該收入更好的和尚詩人。所以，還是剛才那句話，就是對宗教文學很不公平，根本是歧視。我們舉例來講，中國宗教文學究竟哪方面寫得好呢？嚴格的講，詩詞都寫得好，特別是道教的詩詞；都是傳教、講道用的。可能就因為這個原因，文學史拒絕採納。然則只要是好的文學，就算講道，又有什麼關係？何況此處涉及一個重要的問題，因為我想，宗教的境界本就是文學的最高境界──宗教境界已經是文學境界了，且更是文學的最高境界，那麼道士唱歌、填詞，固然是在宣傳教義，不也正符合文學的最高境界與最高成就？

　　舉個例說，唐朝的呂岩（呂洞賓），他的詩有不少收入全唐詩，只要去讀就會發覺每一首都精采。呂岩是一個代表，乃至於好幾位五代時期的道士，如果你讀他們全集中的神學詩作，裡面的詩也都

是好詩。簡單說，它們又好在哪裡？他們的特點，或優點，就是語言明白，道理深刻——因為要傳教，用最明白的語言講最深奧的道理，這對任何文人來講都是最大的考驗。任何文人能做到這一點，就是一流的詩人，而這些道士都可以達到這個水準。

在西方亦然，我讀過的宗教詩都有這一優點。我覺得西方文學史、英國文學史在這方面固然比我們公平，然則還是有所忽略，並未廣事採納。他們只選了幾位重點詩人的宗教詩，卻忽略其他的。英美許多不大知名的宗教詩都是一流的。這些不知名的常包含教堂裡的聖詩、無量數的聖詩，它們價值都很高。所以這是中外一體的現象，對於宗教文學不太包容，這是中外一體的現象，也許這是文學讀者應該有的認識。

單：除了呂洞賓之外，還有沒有其他人？

王：當然佛教裡剛才提到的寒山、拾得也算不錯，寒山的語言除了簡單之外，還有一種近乎野蠻的美，這是他的優點。倒是比寒山早一點的，唐朝詩僧王梵志，可以視為佛釋宗教詩的表例。我們現在就拿他的一首詩來看看。這一首詩，滿足了語言簡單、佛理深奧兩個要求。這類的詩還有一樣好處，它是百分之百的佛理，不是抒情的佛理。它是正視佛理本身寫下的。它不像另一種禪詩，從佛理引發起抒情，這引發起抒情的詩很容易了解：「哦，那是文學，那是抒情詩。」這個不然，這是講道的詩，根本就在傳道、講佛理。我們可以看看它成就如何。

> 觀影原非有，觀身亦是空。如採水底月，似捉樹頭風。
> 攬之不可見，尋之不可窮。眾生隨業轉，恰似寐夢中。

王梵志這首詩在語言上相當完美，他用的全是簡單的語言，沒

有一個難字。他在音調調節上也沒有任何缺點，不輸給李白。他每一句都在講佛的基本道理「空」字。第一句「觀影原非有」，已經一語道破了什麼是空，因為「影」的形狀俱在，但沒有實體。下一句「觀身亦是空」，接著觀看人的身體，領悟到人的身體，或者萬物的身體，跟影子一樣，是相同的空。下面，兩個對句，繼續打別的比方：「如採水底月」。這是說，天空中的月亮是真的，水裡的月亮看來雖然一模一樣，卻虛幻不實，無法採抓。接著，再拿風來做個比方——「似捉樹頭風」。樹在搖動，可是什麼在搖動它？是風。但風沒有形體，也看不見，你要怎麼去捕捉樹頭的風？所以樹頭的風又是空的比喻。律詩的三、四兩句，必須是對句，詩人不僅嚴格遵守，而且是這樣的自然，他像講話一樣，輕易的就把每字的對仗都表達出來。

先前第三、四是對句，現在第五、六也必須是對句。這裡不只是舉例，而且是解釋了。這裡「攬之不可見」，是相對於「如採水底月」——攬什麼？攬月。你用手伸進水裡去撈月，一撈它就碎，根本撈不到。「尋之不可窮」，則是相對於「似捉樹頭風」：你去哪裡尋找樹上的風？它能飄到老遠老遠，你就是跟到老遠老遠也捉不到它。「攬之不可見，尋之不可窮」兩句話本身對仗嚴格，「攬」與「尋」，「見」與「窮」詞性也相對。

結語「眾生隨業轉，恰似寐夢中」，指出了每個人的一生都是如此，反反覆覆，虛假不實，每一次的輪迴轉世都是一場不同的夢。結尾的七、八兩句遙遙呼應了開頭的一、二兩句。像這樣一首詩，只能用完美稱呼它——自然且復完美。因此，我們對宗教文學應有新的肯定、新的認識。[6]

---

6 可參閱上一篇訪談〈文學與宗教〉，頁 126-132。

宗教文學的境界

　　單：你曾說過宗教境界是文學的最高境界，剛剛也說宗教文學是文學的最高境界、最高成就。你自己是一位認真嚴肅的作家，你認為自己多年的文學創作有沒有達到你所推崇的宗教的境界？

　　王：我想我不算宗教作家。因為固然我的主題對乎人生、對乎生死的確有些關懷，與宗教文學相近，但這也都是普通文學的關懷，算不上宗教文學。希望有天我能寫宗教文學的著作。至少目前，嚴格講，應該沒有。總之，我想須是傳道文學才能算宗教文學。所以，一般都認為，像托爾斯泰晚年的作品《復活》、《黑暗的力量》，還有若干寓言體的短篇小說，才是實實在在，說一不二的宗教文學。

　　單：但一般對於布道（sermon）、說教（didacticism）之類的文學作品評價不高，認為它們傳教的色彩太明顯了，有損於文學價值。

　　王：這也許是從受不受歡迎的角度來看，應該要從另外一個純粹文學批評的標準來看才行。這就如你用純粹文學批評的標準來看，你知道密爾頓（John Milton, 1608-1674）的《失樂園》（*Paradise Lost*）是英國文學的最高成就，但是《失樂園》可說已接近布道文學了。因此，傳道文學只要水準高的話，當可以接受。但我還是常覺得中外都忽略了許多高水準、無名的宗教文學。這大概盡出於偏見，把宗教跟文學之間畫出一條界線，硬規定宗教色彩濃厚的就不算文學。這條界線畫得太嚴格了。只有密爾頓那樣高水準才能認同，其他好的宗教文學就不接納，其結果看來損失實在不小。

　　單：你之所以接受天主教作為自己的信仰，牽涉到你所閱讀的一些作家的作品。你信奉天主教至今已經二十多年了，在文學與宗教兩方面浸淫甚深，將來有可能創作宗教文學作品嗎？

王：這點我還是懷疑。我當然不是輕視傳道的文學，我是了解自己在這方面的能力還不到。我近來確實把這列為目標，不過這個目標在我現在的計畫裡還看不到。

單：如果列為目標的話，能不能稍微描述一下你將來要創作宗教文學的話，大概是什麼模樣？會有哪些特色？

王：這個目標就是你剛才說的 "didactic" 這個字。我希望能做到既有宣導意義，又能與藝術互補。這樣的互補真要做到，當然很難。舉個例子，南美作家波赫士的小說已經到了這一水準。詩人中狄瑾蓀也算到達這一水準。

單：我覺得很有意思的是，你希望的互補就是一方面有教育、宣導的意義，另一方面又有藝術的作用，這又回到一般人心目中文學的基本功能：中國所謂的「寓教於樂」，西方所說的「教導與取悅」（to teach and to delight）。

王：可以這樣說。但重點是你不能除了這理想之外，排斥別人其他的理想。以往這方面矯枉過正的缺點就是：你要文以載道，就排斥非文以載道的文學。這種態度既抹煞了文學藝術的自由，也容易被政治的暴君所利用。理想的情況應該是文以載道，以其為文學的最高境界，但毫不排除其他的文學，這樣比較健全。那麼文以載道的最高境界，剛才說，像托爾斯泰的晚年著作，比如《復活》，還有戲劇《黑暗的力量》，就都能兼顧兩者，既符合於教育的功能，又兼有崇高的藝術價值。

單：你曾經提過自己的藝術良心高於社會良心，宗教良心又高於藝術良心。宗教強調捨除欲望，但創作就某個意義來講也是一種欲望，這兩者對你來說有沒有衝突？像弘一大師原本是多方面都很高明的藝術家，但在投入了宗教之後，除了以書法與人結緣之外，其他方面的藝術幾乎都捨棄了。

王：純粹從一個人的修行來講，像弘一大師這樣的作法是應該的。但除了靈修，如就文學價值本身而言，我還是相信宗教應放在文學的第一階層。什麼是最高文學？讓我重複一遍，應該像托爾斯泰《黑暗的力量》這樣的劇本才是理想的文學。

2014年2月7日，於第二十二屆臺北國際書展「慢讀王文興」叢書新書發表會，洪珊慧列出《家變》與《背海的人》的不同版本與譯本。（單德興攝影）

單：宗教經驗講求深入，而且目標在真善美聖，你會不會想在文學方面呈現這些？你過去的作品像《家變》是在探討中國社會不太願意面對的一面，有人認為《背海的人》比較是描寫黑暗的一面。這些跟你的宗教關懷與經驗關係如何？

王：這樣的追求還不能算是宗教的文學。求真、求美連同求善，只能算是藝術的基本要求。講得明白、簡單一點，宗教文學必須加上傳道才能算。要露骨的、絕不遮掩的傳道，這樣才是宗教文學。

文學與特殊體驗

單：有人說心專注的時候會出現類似佛教所說的「定境」或「三昧」的狀態，不知道你專注投入寫作時，有沒有什麼特殊的體驗？

王：這方面我不太了解。據我所知，宗教上是有人說到這種神祕體驗，把它看成是超自然的經驗，也許就是你說的三昧的境界。或者有人認為打坐可以達到這種境界。什麼境界呢？大約是靈魂可以出竅，神遊無限的時空；在無限時空中，靈魂又可以轉化為肉身，同樣可以有肉身的種種經驗。類似這些的神祕經驗，我是一概沒有。不但寫作時不可能達到，就是祈禱時我也從來沒有。所以，我一直懷疑是不是有兩種不同的人，有些人會有這類經驗，有些人永遠不會。

單：有人指出，如果宗教信仰建立在那種特殊經驗上，尤其是靈異經驗上，若是未能如願時，反而會影響到信仰，甚至因而誤入歧途。就寫作而言，有人提到，禪修中偶爾會出現一種現象，也就是本來不太寫詩，或者不是那麼靈思泉湧，但修行到某個境界時，突然下筆如有神，一天可以寫出很多首詩，而且品質都滿好的。如果有人羨慕那種境界，可能就會陷溺其中，不再繼續往前。因此，

禪宗把它當成是一種禪病。那時候如果有明師出現，就會協助他超越那種執著，繼續往正途精進。

　　王：的確。我剛才說這些經驗我一概沒有。這些經驗究竟是心理學的現象呢？還是宗教上的現象呢？我不了解。但是我從來不懷疑別人有，少數人有。例如，中國歷代的民間信仰叫「扶乩」。「扶乩」確實很神奇，而且確實能夠寫出好詩來。連原先不會寫詩的人，甚至不認得字的人，都可以寫出像樣的好詩。這神奇得不得了。也有人能夠在夢裡寫詩，醒來時仍舊是個不會寫詩的人。但夢中的詩句已留了下來。這我也不了解。在西方也一樣，在古代的基督教裡也常有，突然整個教堂的人都在講不同的語言，他們自己不會這種語言，結果外地人聽得懂，說這是他們故鄉的語言。那也很神奇。但是，就像我剛才一再說的，這些我從未遇到過。

文學創作與宗教目標

　　單：如果我們不講那麼靈異的現象，只說一般人比較能夠接受的，就你個人的宗教經驗中，最想跟別人分享的是什麼？會希望透過創作來反映嗎？

　　王：我到現在還沒想過這個問題。因為我還在摸索中。我的意思是說，我大概希望要走的路就是如何寫出像樣的教誨文學，也就是剛才所說的那種文以載道的文學。我的文以載道並不是間接的側寫，而是明白的直寫，就像托爾斯泰的劇本那樣。這是目標，但方向在哪裡都還不知道。

　　單：就身為作家的你而言，在自己的文學的小宇宙裡，當然是一位創造者，也就是小寫的 creator，而就你的宗教信仰而言，天主就是大寫的 Creator。你覺得兩者之間有沒有什麼相應之處？

王：我從來不覺得文學創作本身是一個創造性的活動，我只認為它是學術性的活動。我認為創作絕不是什麼可以得到的特殊技能，它完全是閱讀的累積，或訓練的累積。換句話講，創作跟平常的所有學術一樣，跟科學一樣，必須是勤學的累積。

林靖傑（以下簡稱林）：我一直想了解你對於世俗欲望的捨棄，當然這一方面是因為你希望更專注於寫作，另一方面這其實跟宗教的情懷又很接近，不曉得世俗與宗教兩者之中哪一個影響比較大？

王：還是世俗方面的比較大。很現實地說，我需要時間，而欲望多的話就會分身乏術，就是這麼簡單。相對的可能是另一頭，就是創作的欲望太高，結果就排擠了其他的欲望，說什麼都還是世俗的。

林：假如是宗教的情懷在減低欲望的話，是不是創作的欲望也會漸漸降低？

王：沒錯。恐怕嚴格講，宗教也是要排斥這種的創作欲望，只能夠把它當成消遣，就像高僧寫詩完全是娛樂而已。對的，這是有所不同的。

林：那你目前對於創作的欲望還是……

王：還沒有把它看成是隨興娛樂的消遣。

林：在這方面會不會感到有所衝突？

王：我是有我個人的看法。我相信人做什麼事，最後都寫在天上。所以說畫一張畫也好，編一首歌也好，就算在世間一無所成，沒有人知道你，但是你的這張畫是寫在天上的。那麼寫在天上重不重要呢？重要。因為我相信密爾頓說的，人活在世界上只有一個目標，就是「事奉天主」。怎麼事奉？就是盡你所能。用你的工作來事奉天主。工作的成就如何？成敗如何？不是以世俗的標準來看，而是寫在天上的。這樣的話，對於寫作上強烈的追求，現階段

我還是覺得可行。因為這是事奉天主的一個方法，也就是，在工作上盡我所能。當然也可以採用別的辦法，不從事文學，改像牛頓一樣從事科學，或根本不進行任何的研究，每天出去奉獻、替人服務，或者賺很多錢，捐錢給別人。總而言之，途徑相當之多，但不能改變的是，其結果就是事奉天主。

林：「盡一己所能地做該做的事以事奉天主」，這樣的觀念跟佛教是不是不太一樣？

王：跟佛教不太一樣？

單：其實也未必那麼不一樣。佛教的主旨在慈悲智慧，也就是自利利人，一方面希望把自己的能力培養並發揮到極致，另一方面其目的並不只是為了自己，而是希望他人也受益，有時甚至先人後己。我想任何宗教對於去除我執的看法基本上是相近的，只不過事奉的方法、對象或目標可能不太一樣。

王：應該可以說，修道德也是事奉天主的方法。乃至於不是修助人的道德，只是修潔身自愛的道德，在我看都可以寫在天上。至於救世助人，這一定要寫在天上的。

單：提到自利利人，你曾經開設「詩文慢讀」系列講堂，將自己細讀中國古典文學的心得分享社會大眾，等於是從事更寬廣的文學教育。另一方面，就文學與宗教而言，如果你把《聖經》當文學做一系列的演講，讓喜歡文學的人能接觸到宗教、讓對宗教感興趣的人能進入文學鑑賞，應該也是很有意義的事。

王：我想過，但這條路我能走的還是有限。《新約》雖不多，但我要做到句句了解的話，還有一段距離。我現在讀《新約》還不能每句都看穿它背後的意思（要看穿也有種神祕介入，恐怕），不知道什麼時候才會靈光一閃，突然看穿。目前這樣的累積還不夠，還早得很。我們教文學的人都知道，要教一本書，要全面掌握之後

才能教，才敢上臺。一知半解是不敢上臺的。不要說《新約》的全部，光是《新約》的某一章某一段，我恐怕都很難完全了解，只能片面了解。

林：像是〈最後的晚餐〉，光是洗腳這件事就可以講很完整的一篇。

王：對，但這也只是一章裡的一句話，同一章裡其他的文字應該也不會浪費，只是我還沒看出來。

文字之於宗教信仰與死後世界

單：就佛教來講，尤其是禪宗，講求「不立文字」，就是對文字本身並不是那麼執著。

王：對。

單：佛教還有一種說法，就是開悟了之後就跟佛陀的見地是一樣的，在那種情況之下看佛經，就像儒家所講的，「六經皆我註腳」，如果澈悟的話，看佛經基本上就是印證自己的經驗。

王：應該是說法門很多，方便不同的人。如果有一個人很不幸，不認得字，那你怎麼叫他通，是不是？他就不能走文字這條路。當然也不一定，六祖慧能不認識字，你就不知道他是怎麼通的，他就能留下文字來。這真的很神祕。但我還是這樣看，這種神學讀得好的或者了解多的，最終和信仰畢竟無關，對於信仰未必有幫助，只能當作信仰之外一種娛樂上的收穫，或是樂趣。

單：佛教也一樣，佛教學者不一定就是信徒，因此有所謂「佛學」與「學佛」之分，前者講求知性的增長，後者著重實修。佛教有個說法，「說食數寶」，就是說如果只是知性的了解，而不去實修，到頭來沒有得到佛法的實益，說來說去、數來數去，都不是自

家的東西。

王：是，這有兩種說法。一種就像我讀完別人的名作後，我就去考試，我每一題都答得出來，但這是「說食不飽」，因為都等於是別人的，根本沒消化。即使消化了，也不覺得飽足。最重要的是要自己想，不是靠別人想，那種是借來的，不是你的。但，就算自己想了，老實說對信仰都沒有幫助。就算你是一個高手，是個上好的傳道人、牧師或著名的神父，出書，讓很多人讀，但我不認為這對你的信仰有幫助。

林：真正的宗教體會是意會，實踐，卻無法言說。

王：沒錯，他只要信仰強，就不在乎能不能說得明白，也不在乎能不能告訴別人。這就跟家庭關係一樣，有人對父母那麼好、那麼孝順，可以賣命等等，這些是他講不出來的，解釋不出來的。那這怎麼來的？是因讀通了四書五經來的嗎？絕對不是。

林：一個人也許通曉四書五經，但不見得孝順父母。

王：沒錯，因為那是另外一條路。至少東方、西方的宗教都同意這一點，宗教可以不立文字。

林：這還滿殊途同歸的，宗教……

王：很多地方可以完全相同。

單：宗教一方面有它不可言說或者不可思、不可議的地方，但另一方面如果沒有文字的話，比方說沒有宗教經典的話，很多人就喪失接觸宗教的機會。

王：這也是。沒有經典就跟沒有教堂、沒有制度一樣，佛教也要有制度，要有經書、法師，否則如何傳教？另外，我附帶一句，《聖經》還有一個用處，是我們讀《聖經》的人所不解的：《聖經》就是符咒，放在身上或哪裡，或者手按在上面等等，就是有效。許多人相信如此，我自己沒試過，但也不懷疑，因為這種神祕經驗光

靠文字是無法了解的。

林：《聖經》就是符咒，這種說法實在滿有意思的。

單：驅魔趕鬼是不是也用《聖經》、十字架……

王：……佛教也有，佛號本身也是符咒。還是一句話，淨土宗在這方面已經做到底了，只要一句佛號就能解決一切問題，別的都不需要。我們基督教也近乎如此。

單：《阿彌陀經》裡也說，如果臨終時能一心不亂……

王：就可以升天。

單：但是那要善根、福德、因緣俱足。所以有些人說往生時只要能念佛就能往生西方極樂世界，但要是平常不念佛的話，臨終時已經非常痛苦了，哪裡還會想到要念佛？

王：一方面可能沒機會念，另一方面可能還有機會念。往生那條路也不是那麼簡單，不是過了那一關就一切無慮。我相信後面的路還長得很，還有很多債要還，很多的罪惡要洗，每洗一次就是一個懲罰，洗淨的過程並不好受，但能洗淨已經算不錯了。

單：依照佛教密宗的說法，一般往生之路有四十九天，他們甚至把路上可能遇到的境界以及因應的方式都做了清楚的描述。但是你剛剛「洗罪」的說法很有意思，能不能再加說明？

王：我所謂的「洗罪」，指的是值得洗的靈魂。有些靈魂可能早被打到萬劫不復的地獄。這方面的參考資料不多，所以一般知道的也不多，多半是推想，各人想各人的，說法不一。我個人則相信，後頭的路還很長，而且是上上下下，不是一步登天——沒有那麼好。就算登天，恐怕也是九重天；佛教的天也不是都一樣的，其中也是有過程。其實九重天和十八層地獄一樣，上也有階段，下也有階段，這樣比較合理。乃至於往上的階段恐怕輪迴都可以放到裡頭去，說不定輪迴只是往上的第幾重天而已。我們基督教對天堂好像解釋不

多。

林：我看法鼓山出版的 DVD《無盡的身教》，天主教的說法跟佛教不一樣。與談人之一單國璽樞機主教說，人只有一世，這一世結束之後，就可以回到天主愛的大海裡。一般人會恐懼死亡，其實死亡只是個隧道，人在進去隧道之前心裡會毛毛的，因為不知道隧道那一頭是怎樣。其實，對於天主教徒而言，那只不過就是經過一個隧道，到那邊就進入了天主愛的大海裡。

王：醫學上對於瀕死經驗已經有了一些研究，很多臨終又救回來的人，他們的經驗都是相同的，每一個都是經過一個隧道，遠處有一個亮光。這不能看成是幻覺，因為雖然有人說那是吃藥的結果，但不吃藥的人也有這個經驗。

單：你剛剛談到個人有關天堂、地獄的觀念，跟一般基督徒的觀念好像不大一樣。一般認為天堂、地獄高下立判，馬上就上天堂永遠與主同在，或馬上就下地獄萬劫不復。但你剛剛的說法比較像佛教的輪迴說，反正都有機會，這一輩子不行還有下一輩子。

王：我的意思是說，不但是天堂路很遠，而且進天堂之後還要修，修不好的話，降得比人間還要低都有可能。既然你是一個靈魂，那總要事事負責的。

林：在天堂做壞事也要被懲罰？

王：恐怕也要受懲罰。

單：淨土宗則有「九品往生」之說。

王：什麼樣的九品？

單：也就是說，即使往生淨土，也會依照個人不同的作為與因緣而往生不同的品位，從下品下生一直到上品上生，共分九品。品位比較低的可以慢慢修、慢慢晉升。

王：道教也一樣，很多道教的神仙到後來是被打下來的，因為

後面還沒修好。

單：佛教也有「天人五衰」之說，也就是說，即使壽命非常長、非常長的天人，在壽命要終結時，還是會出現五種衰老的現象。三島由紀夫有部作品便以此為名。

王：所以神仙也會衰老。

單：是的，即使是天人依然如此。

宗教體會與文學創作

林：我還是想追問一個問題，就是你的宗教體會與文學創作的關係。你在宗教裡應該會體會到一些生命中比較光明、美好的事，會不會因為這樣的宗教體會，而讓你在文學創作中也趨向去描寫比較光明、美好的事？

王：理論上應該如此，理論上也可以看出好的、美的來。如果真就是美、善的話，那麼從事文學藝術的人就很容易一味地堅持真。如果美、善是狹義的，非顯現美好、善良不可，那也是很好。不過整體看，因為人的缺點是這麼多，罪惡是這麼多，拿比例來講，美善跟醜惡在世界上是不對等的。所以這種時候，你如果純粹求真的話，就很容易暴露黑暗，或者說，討論黑暗的機會要更多。

林：可不可以說揭露黑暗是邁向光明或者美、善的一個方式？

王：是可以這麼說。

林：因為醜陋、黑暗本來就存在，假如視而不見，只想看漂亮的、美好的、表面上善的東西，那也不真實。

王：嗯，有關善，當然是很嚴格地必須真正地寫善；至於美，則可以有各種方法來寫。除了剛才所說的寫真就是美之外，寫暴露罪惡的形式也可以是美的。比如說一首詩是暴露罪惡的，而這首詩

王文興與主訪人單德興攝於臺灣大學總圖書館旁。（林靖傑提供）

的音韻、格律等等在格式上又可以表達它的美，所以也算兼顧。

林：我想講自己的一個例子。我念大學時，有一門劇本寫作的課，老師是一位七十幾歲的神父，他人很好，給學生的分數平均都八十分以上，每學期都放《真善美》那部電影給學生看。我還記得那一學期大家的成績都八十幾分，但我才七十分，為什麼？我想來想去，可能是我的題材的緣故，因為我寫的是「大學生之死」，裡面有性、有暴力、有死亡、又有同居，可能對他來說不符合真善美。當然，我在大學階段滿叛逆的，即使到了現在我還是不很贊同他，但我比較能體會他希望的是以宗教的情懷去呈現美好的事物。

王：假如果真是你說的原因，那他的要求是比較狹義的。他可以說最高的理想是如此，但是不宜排斥其他的藝術、其他的文學，否則等於是唯我獨尊，是「一黨獨大」的寫作方法。真要達到那樣

的理想，整個英國文學史除了密爾頓之外，還數不出第二個人來。把托爾斯泰全部作品拿來看的話，恐怕也只有一個劇本真正達到這樣的理想。你能不能因為托爾斯泰的一個劇本，把他的長篇小說全部抹煞？沒有必要。

單：你還有沒有什麼要補充或強調的？

王：我只想再強調一下，就是，信仰除日日對自己有利之外，最重要的還是能夠一天比一天更體認到神的存在。這是有生之年信仰的目標。這個目標完成之後，就可以進到下一步，能夠更堅定地相信永生之存在。從體認神的存在，才能夠跨到體認靈魂不滅，永生的存在，這是我目前所追求的。

小說背後的作者世界

主持：柯慶明
對談：王文興、單德興
時間：2014 年 1 月 18 日
地點：臺北紀州庵文學森林

前言

　　「慢讀王文興」叢書七冊收錄了數十年來有關王文興研究的代表性論文、訪談與王文興的近作，允稱「王學」的里程碑。為了配合叢書出版，臺大出版中心規畫了四場活動，由王文興老師與不同的學者、作家對話，以呈現活潑的面貌與多元的面向。第二場「慢讀王文興：小說背後的作者世界」特具意義，因為活動所在地紀州庵就是王文興青少年時的故居，後來被他寫入《家變》，成為臺灣文學的代表性場景之一，晚近在《文訊》團隊努力經營下更成為文學與文化活動的重要場所。

　　這次活動承蒙主辦的臺大出版中心邀約我和王老師對談，主持人則是王老師在臺大中文系任教時最早的學生、現任臺大出版中心

左起：主持人柯慶明，對談人王文興、單德興；桌上為「慢讀王文興」叢書。（文訊雜誌社提供）

叢書主編的柯慶明教授。由於系列活動廣為傳揚，對談現場紀州庵新館二樓在活動開始前半小時幾乎就已滿座，現場聽眾涵蓋了老中青三代，包括王老師不同時代的學生，國中老師帶來的學生以及自由行的陸客，成為一場名副其實的盛會。

活動便在柯教授的主持下順利展開。由於主持人與王老師關係深遠，不時從中文系的角度提供例證，使得這場活動成為生動的三方鼎談，之後的問答頗為熱烈，欲罷不能。活動結束後，許多讀者排隊請王老師簽書，有些讀者帶來的更是多年的珍藏本，王老師一一為他們簽名留念。

這次活動除了臺大出版中心錄影、紀州庵經營者《文訊》團隊拍照之外，我也當場錄音，錄音檔由黃碧儀小姐謄打，並經對話的三方修訂。

「王學」的里程碑

柯慶明（以下簡稱柯）：王老師、單先生和各位貴賓，今天很高興有機會在這裡又能聆聽王老師與我們分享很多很重要的跟文學、跟人生有密切關係的事情。這一系列的演講總共有四場，是為了讓各位有機會看到我們已經付印、準備要推出的「慢讀王文興」七冊叢書。但是今天這一場的題目是比較有意思的，叫作「小說背後的作者世界」。我們通常只讀小說，很少有機會可以直接聽小說家現身說法，告訴我們小說背後有怎麼樣的一個現實世界。因為小說終究是一個藝術呈現的世界，是一個經過美學或美感轉化以後的世界。據我的了解，這個轉化的過程其實從中國歷代的文學看起來是很悲壯的。我相信王老師一定很熟悉這個故事，就是和王老師最喜歡的詩人孟郊同時代的李賀。李賀每天騎著驢子出去尋覓、構思

他的詩句，他在驢脖子上掛了一個錦囊，得到了好句子就寫下來丟到錦囊裡。當天回到家裡的時候，家裡的人打開一看，假如錦囊裡頭的句子太多的話，他母親就很擔心他，是不是真的為了創作要嘔心瀝血？就跟他說，這樣不可以，你一定要多多保重自己。也就是說，要創造一個藝術世界，即使有現實世界的許多材料，可是如何根據現實的東西經營出一個中國古典詩學所謂具「醇美」性質的藝術世界來，這過程是很艱辛的。而中國把這樣的一個醇美的世界就叫作「神韻」。我想所有讀過王老師作品的人都感覺到似乎進入一個超凡入聖的神韻世界。但是這個神韻世界並不是從天上抓下來的——現在大家很流行從雲端抓東西——而事實上是從一個很具體的地方開始的。

今天選在這裡請王老師講這個題目特別有意思，因為這一個空間的前後左右就曾經是王老師的現實世界，而且他至少有一部長篇跟多篇的短篇作品其實是將這個周邊的現實世界轉化為一個很有意思、永恆的藝術世界。

我們今天很高興邀請到王老師，還有一位是跟王文興老師熟識多年的單德興教授。上一次我們兩個人有機會碰面時特別拍了一張叫作「兩個鬍子」的照片。今天「兩個鬍子」包圍王老師。〔眾人笑〕現在我們就先請另外一個鬍子問問題，以便讓王老師暢所欲言。

單德興（以下簡稱單）：「鬍子」有另一個意思就是土匪，今天我們兩人「包圍」王老師，並不是要「逼供」，而是要挖寶，把王老師視為一座可以用各種方式來挖掘的寶山，關鍵就在於我們會不會挖。

原先我自己設定的角色是提問，不過王老師一直希望我多講一些，甚至與他的發言時間一樣長。雖然老師有這種期盼，但我有自知之明，因此折衷之計就是比一般的提問稍長一些，提供一些背景

「慢讀王文興」叢書七冊是黃恕寧、康來新、洪珊慧三位主編的跨國合作成果,由柯慶明撰寫總序,為「王學」的里程碑。(資料來源:臺大出版中心)

資訊供在場聽眾參考,也提出一些問題向老師指教。由於今天在場的聽眾老中青都有,甚至有國中老師特別帶學生過來,所以我先簡介王老師的創作背景,讓不熟悉他作品的人可以稍微了解,已經熟悉他作品的人可以溫故知新。

王老師主要是以小說聞名,從最早的《龍天樓》到《玩具手鎗》(這兩本後來合併為《十五篇小說》),接下來的長篇小說《家變》的場景就在紀州庵,也就是王老師的故居。各位剛才在一樓可能已經看到了有關紀州庵的歷史、舊照片和文字資料,甚至看到了陳列的重建模型。在《家變》之後,王老師又花了多年的時間完成上下冊的長篇小說《背海的人》。評論與散文包括了《書和影》、《小說墨餘》、《星雨樓隨想》。[1] 此外,也有不少關於王老師的紀錄片,包括了 1999 年的《人生採訪——當代作家映像8:王文興》(導演崔宸修)、2000 年的「作家身影系列二:咱的所在‧咱的文學」——《推巨石的人:王文興》(導演井迎兆)、2010 年的第十三屆

---

1 最新資料參閱本書附錄〈王文興著作目錄〉,頁 253-255。

國家文藝獎得獎者紀錄片《小說聖徒——王文興》（導演林靖傑），以及 2011 年的「他們在島嶼寫作」系列——《尋找背海的人》（導演林靖傑）。

我個人有幸跟在座的李有成教授在臺大外文研究所碩士班二年級時修王老師開設的「現代英國小說」。大家都知道學院式的文學教育著重於知識的累積與理性的訓練，但是王老師用細讀的方式培養我們對文字的敏感以及對文學的喜好、堅持與敬重。這些年來我個人有幸跟王老師進行過四次訪談：第一次是 1983 年我就讀臺大比較文學博士班時，距今已超過三十年；第二次是在 2000 年，當時王老師的多年力作《背海的人》下冊剛剛殺青；2010 年的兩次訪談則集中於文學與宗教，當時林靖傑導演正在拍攝《尋找背海的人》（詳見前四篇訪談）。所以今天是跟老師進行的第五次訪談，地點是他的故居——《家變》的場景，場合是七冊的「慢讀王文興」發表會。這套叢書總共有三位編者，康來新老師和洪珊慧博士今天都在場，另一位編者黃恕寧教授任教於加拿大，今天未能出席，但會參加下月初臺北國際書展的發表會。

1997 年我在匈牙利布達佩斯參加一個國際會議時遇到黃教授，她的論文是有關李昂小說的風格研究，但在會後的閒談中她表示對王老師的小說風格非常感興趣，當時我就跟她提到王老師是一個很具特色與創意的小說家、文學教授、傳播者，很值得研究。黃教授在加拿大任教，要蒐集相關資料其實並不容易，但她多年來念茲在茲，努力蒐集資料，也一直與我保持聯絡，商量相關事宜。後來加上另兩位編者的合作，背後還包括易鵬老師與柯老師等貴人相助，以及臺大出版中心鼎力支持，終於促成這一套書的出版。

我們稱張愛玲的研究為「張學」，白先勇的研究為「白學」，「慢讀王文興」這套書的出版則可說是「王學」的里程碑。由於黃

2014年2月7日，於第二十二屆臺北國際書展舉辦「慢讀王文興」新書發表會。左起：洪珊慧、康來新、黃恕寧、王文興、柯慶明。（臺大出版中心提供）

恕寧教授這位主其事者今天無法出席，我就特別引用她的一些話與各位分享。她在三個星期前給我的電郵中表示：「這套書對我個人的意義是將一些重要的論文集中保存起來，便於求索，希望以後能在『王學』領域有真正的突破。王老師確實是華文文學史上難得一見的大家。他的創作不同於李杜，研究他除了表示對他的敬意，也等於是對華文文字深一層的理解。」這套書總共七冊，包括了《家變》評論、《背海的人》評論、一般評論、王文興作品集、王文興研究資料彙編等。如果有人對王老師的傳記或訪談感興趣，這套書中的《偶開天眼覷紅塵——王文興傳記訪談集》是到目前為止華文世界中要了解他的生平、背景、創作、文學觀、藝術理念等等最便捷、最綜合、最有深度的一本書。黃恕寧教授對於這本書有如下的

說法:「這本書收集了許多喜歡的文章,篇篇都有其重要性。」她還說:「重讀那些訪談文章時,我覺得王老師一直是真心誠意地回答每個問題,所以這本書的文章雖然跨越的年代很長,但王老師前後的談話內容鮮見相互矛盾之處。」我在電郵中特別詢問今天未能到場的黃教授,有沒有什麼問題想問王老師,她說想問王老師對這套書的看法,以及有沒有缺漏的文獻?我也想請問王老師,你個人認為這套書的特色如何?在編輯過程中你參與的程度如何?你對這套書或讀者有些什麼期待?

王文興(以下簡稱王):首先謝謝臺大出版中心花這麼多的時間和心血整理出這套書來。至於黃教授問到我對這套書的看法,這套書到現在我還沒有詳細讀過。我打算要讀,它是在我的計畫之內。然則我整體上、結構上,對這套書是有一些了解。首先我看了幾篇主編者的序言。我看出來,他們的序言,都可以說是,體制龐大、結構謹嚴。而且看過序言以後,我有一個統一的印象,就是,編者序言連同總序言可以說是論文中的論文。這恐怕是一種新的文體!這種文體將來是可以繼續發展下去的。這就是我目前的印象。

過程之中我沒有任何的參與,這是事實。我只有在旁邊等待拍手的機會。至於期待,倒是對我個人的期待──因為我正在寫一本書。希望在一、兩年之內能夠寫完並出版。假如出版的話,那就是對這套書的另一個期待,或者說,應該是對這套書加上一個尾巴。這是我的一點期待。

柯:我們等待老師在一、兩年之內趕快把書寫完。然後我們這群志同道合的文學愛好者以及「王學」愛好者就會努力再寫文章,再加一冊。

紀州庵的前世今生

　　單：剛剛柯老師和我分別都提到了紀州庵。其實紀州庵不僅在王老師個人的成長階段中意義重大，在臺灣文學和華文文學也具有意義，因為《家變》的場景便在這裡。走訪紀州庵的人藉著一樓的陳列與介紹，都知道紀州庵經過了好多不同的轉變，也經過一些整修。而像剛才柯老師講的，透過文學使得它以藝術的方式永久保留下來。《偶開天眼覷紅塵》第四四九頁有一張紀州庵空間示意圖，是洪珊慧老師詢問王老師時，王老師特別畫的，各位可以跟一樓展示的臺大城鄉所團隊重建出來的模型比較，因為他們當時就曾參考《家變》中的描述。而且就我所知，曾經有不同的幾組人員重建出

1950年，王文興與父親王仲敏、母親林蘊瑛攝於臺北同安街底的省政府員工宿舍（今紀州庵文學森林）。（紀州庵文學森林提供）

紀州庵新館一樓展示臺大城鄉所劉可強教授根據《家變》重建的紀州庵模型。（單德興攝影）

紀州庵模型內部圖。（文訊雜誌社提供）

不同的模型。大家都知道，王老師很要求文字的精準，講究字形、字音、字義的作用。以紀州庵為例，到底是藝術模仿人生？還是如王爾德（Oscar Wilde, 1854-1900）所說的，人生模仿藝術？以你這麼嚴謹的文字要求者和藝術者，文字的寫實或模擬的（mimetic）功能到底可以達到什麼程度？有哪些限制？跟其他的媒介相比，文字的效用與極限又如何？

王：首先，紀州庵原來的範圍比我們現在看到復建的大很多，復建只是一小部分，因為其他的部分在火災的時候都燒掉了。所以目前沒有辦法復建。後來原來的大部分也有了交代，不是復建，而是仿建、仿造。仿造在什麼地方？就是現在大家坐的地方。這座完全是照原樣仿造的。仿造原樣時有照片、有圖樣做根據。我想這個仿建，裡裡外外，除了材料不一樣之外，空間的分配、格式等等，都照原樣，相當的逼真，相當的正確。

我也看過現在正在復建的，五月就要公開的那一部分。我只能說，好得不得了！佩服得不得了！為什麼呢？因為很精緻，連手工方面的部分都做到了。這次復建的工作和我九歲時候剛搬進來時所看的印象是一模一樣的。當時這一部分還沒有住人，什麼人都可以進去，進去看、進去玩。總之，這一部分復建得非常的好。

再來，是要說到對恢復紀州庵大有貢獻的劉可強教授。因為臺大城鄉所主持這個計畫，計畫的主持人是劉教授。計畫的第一部分是先做一個模型。這個模型不是照著當年的紀州庵做的，而是《家變》上怎麼寫，他們就怎麼做，那就跟原來的紀州庵有一點距離了。劉教授做這件事情的時候，還沒有和我見面，他帶著一群學生一起來做，做完之後，才邀我來看他的模型。我看模型的時候，真是非常吃驚，也非常欽佩。他每一分每一寸做的跟我寫的都一樣，完全一樣。我說，你怎麼做的？你有沒有靠別的辦法？問別人？或者參

考以前的資料？他說，每一分每一寸都是按照書上的文字來做的。

書上描寫的文字只有短短的一頁。他全部按照那一頁裡頭文字所寫的做，所做的我想連大小尺寸、顏色等等都是對的。那麼，當時我就想到，劉可強教授除了是個極好的建築學者之外，大概也是個極理想的讀者。因為他把所讀的充分了解，然後再把它用建築重造一遍。劉教授兼用了正確的閱讀和正確的建造。

從這個模型的例子，我也可以談到文字的寫實功能。以這模型來講，我那一頁不到的文字，文字本身有什麼功能？我應該說，文字只有樸實、簡單，這樣的功能。在那一頁裡，我只寫房屋的大小、位置、顏色、分配，沒有一個字是形容詞。這就是我個人希望做到的，就是如果要寫什麼，形容詞盡量省略。這是有必要的。我在想，如果我那一頁裡有一半是形容詞的話，那劉教授這個模型就不容易做了。他如果去做這些形容詞，恐怕就很難做出模型來。恰好我也認為文學最好就是把形容詞都劃掉，只需要留下主詞、動詞、受詞。因為主詞、動詞、受詞，寫得正確的話，就可以包含所有的形容詞。這是我從紀州庵的模型引發的一些感想。

單：記得你在《家變六講》中提到有一段描寫廚房，包括了角落裡的瓶瓶罐罐、高高矮矮、不同的顏色，你還把它比喻成有如塞尚（Paul Cézanne, 1839-1906）的靜物畫一樣。其實要把這些全部寫進去的話，可能篇幅還會多出好幾倍。所以我們感興趣的一方面是你文字的精確度（accuracy），能讓人依照你的描寫來重建，另一方面是文字的精省度（economy），如文字和畫面之間的關係。這讓我聯想到你很喜愛的作家海明威的冰山理論，也就是說，冰山露出水面上的只有一角，絕大部分都在水面下，這部分不見得要寫出來，但卻是存在的。

王：我再補充一下。剛才我說，把形容詞都劃掉，留下主詞、

動詞、受詞就好這個論點是海明威提出的，至少是他的意思。剛才單教授提到的另外一段是我寫廚房的地方。這地方就位於現在這個大樓二樓的一部分。這部分比較大，我們現在就在這裡，這裡就是以前的大廚房。當然，廚房絕不是當初紀州庵本身的廚房，而是，很多住戶在裡面燒飯，合起來利用這個空間。我寫的這一段，大概是這個空間靠窗的一個角落，角落上擺了一些油瓶，就是那麼樣一個小小的單位。只寫那個小小的單位。如果我說這像塞尚的畫，這句話不是寫在書裡，書裡不能寫任何枝節的話，而是後來有個場合，解釋這一段時，我重新說明了一下我為什麼要這樣寫。我解釋說：這跟靜物畫有一個關係，不過這是一個兒童的感覺，兒童自己並不知道，但它遙遠的跟塞尚的靜物畫有一種呼應。

慢讀之道

單：王老師多年來大力提倡慢讀，其實尼采也非常注重慢讀。去（2013）年英國非常著名的理論家兼批評家伊格頓（Terry Eagleton, 1943- ）出了一本書——*How to Read Literature*（《如何閱讀文學》），裡面也特別引用了尼采注重慢讀的一段話。換句話說，慢讀特別注重 sensibility to language，對語言的敏感。其實講到慢讀、對文字的敏感，就我所知，沒有一個人像王老師這麼注重慢讀、細讀。根據王老師的說法，理想的速度是一個小時一千字，一天不超過兩個小時，這是因為要很專注地讀，看作家所用的每一個字與字之間的關係、每一個句子與句子之間的關係。因此，連這套書都取名為「慢讀王文興」。但是你要求的這種速度恐怕很少人做得到。我好奇的是，面對高科技和網路時代，凡事講求效率，動不動就說十倍速、甚至百倍速的情況下，讀者要怎麼樣來實踐慢讀？

王：網路世代我非常陌生，所以我不知道該怎麼回答這一個問題。我只能想像，網路世代跟我走的方向完完全全相反。但再仔細看看，可能亦未必相反。比如說，我從旁邊觀察得來一個看法。大家擔心，認為現在都不大使用文字閱讀了，大家都上網，恐怕閱讀本身要消失，文字的使用要消失。可是，這幾年，我發現年輕朋友的中文反而愈來愈好，書寫的中文愈來愈好。這不就是相反的情形了嗎？這是怎麼回事？後來我大概想通了。年輕人常常在手機上留話，或寫些什麼。他們用文字的書寫代替交談，用最簡單的文字留話。這就是最好的文筆訓練了。因為你需要長話短說。每個年輕人急惶惶的要把長話用最少的幾個字表達出來。這樣的練習，照他們打電話的次數來講，一天大概五百次。那這個練習是最好的寫作的練習了。所以，我發現他們中文很好、很扼要。至少我發現很扼要，而且都很正確。這倒是今天這世代的網路幫了一個大忙，反而提供了一個良好的訓練，這是我從旁邊看到的現象。這是現在文字寫作的方面。[2]

那麼閱讀呢？我就不太清楚新時代跟舊時代有沒有兩樣。我那個時代，假如說閱讀上犯了什麼大錯誤的話，這個錯誤完全應由大學教育來負責。以前一個學期，規定每一門課都要列一份書單，大約二、三十本。那麼一學期加起來就不知有多少本，都要狼吞虎嚥的讀，才能夠應付考試，應付交報告等等。這樣的方式，對學生的閱讀，造成的傷害相當之大。新時代對於閱讀不知道是不是已經緩慢下來？假如你把閱讀換一個方向，改成自己閱讀，就是，在跟隨學校的進度之外，在課外實行一種玩票式的、半職業性的閱讀——自由閱讀——那就可以放慢腳步下來。放慢腳步，一點不困難，你

---

2 可參閱單德興，〈狐狸型學者的自我文本解讀：李歐梵訪談錄〉，《卻顧所來徑》，臺北：麥田出版，頁402。

只要想想，任何人讀詩，說什麼都是要慢讀的。任何一句詩你快讀絕對讀不懂。任何一句舊詩、舊詞你狼吞虎嚥地讀就等於沒讀。所以，只要先把所有的閱讀都改回到詩歌的閱讀，就可以得到樂趣。詩的閱讀，如果狼吞虎嚥就一無所獲，得不到任何樂趣。所以為了得到閱讀的樂趣，我想大家也許都會願意再回到詩歌從古到今的經典讀法，這一定是慢讀。

　　柯：我還是要用中文系的角度來問王老師。第一，所謂的慢讀按照剛才所提的那個速度是完全可能的，但是現在有個問題，也就是怎麼具體去實行慢讀？有一個關於蘇東坡的故事，他晚上讀文章，反覆地讀，反覆地吟詠，因為他那時候還是官，所以老爺不睡僕人就不能睡，就坐在那裡聽，聽到都已經會背了，於是就順口把文章的下一句背出來，並且問說：「老爺，是不是該休息了？」還有我們要知道，中國從前的文章最長很少超過兩千字的，都在一千字以內。而他整個晚上都在讀，讀到他的下人都已經會背了，那一定是一遍又一遍的讀。

　　第二，中國古代的書是故意沒有標點符號，所以必須自己去斷句，然後會發現不同的斷句意思會不一樣。不僅如此，我念書的時候擔任助教，我的老師兼系主任屈萬里先生說：現在的讀書方法不對。為什麼？因為我們只「看」書，不「讀」書。從前他們念書的時候，是要吟詠諷誦，不但斷句要對，還要把裡頭的語調、情緒讀得正確。王老師是我所看過或聽過的，最能把作品裡頭的語句、情調整個朗讀出來的人。所以當時屈先生跟我說，現在這種讀書的情況真是非常可惜。

　　剛才王老師提到應該只有名詞、動詞等等，其實桐城派也有類似的主張。所以我相信這不但有外國的先例，還有中國的傳統。所以我想請問，老師實行這樣的慢讀是不是等於採取類似古代的反覆

吟詠？我記得好像是沙特（Jean-Paul Sartre, 1905-1980）說過，讀一篇文章若是一個字一個字地讀，事實上沒有辦法串連出來這個作品的意思。所以慢讀是以句子為單位，掌握到句子裡頭的語調、情意以後，再讀下一句。一遍不夠，再讀第二遍，第二遍又不夠，再讀第三遍。這樣子差不多就像老師所說的，一天兩小時，一小時一千字，我想不是做不到的，古人就是這麼做的。但先決條件是，那是很值得一讀的文章。請王老師回應。

王：這個慢讀的確是像柯教授講的，一句一句的來，每一句看成一個單位。那麼一個句子要慢讀的話是不是等於朗讀？我想不然。這一句話你要慢讀的話一定是默讀，絕對是默讀。你也許會說，一句話默讀，這樣不是很快的就讀完了嗎？這就不然了。這一句話你一眼掃過去是很快讀完。但是這一句話它裡頭、背後的天地之大，你要去把它探討出來。它的時空、它的四方八面、它的美感的創造在哪裡？換句話說，你讀這句的時候，必須是最嚴格的批評家，看出它的好處來，也要看出它的缺點來。它不見得沒有缺點。換句話說，在讀一句話的時候，你是詳詳細細的默讀，過程裡面不斷的一再推敲、一再檢查。你像一個醫生在看病一樣，你像一個偵探在破案一樣。這個過程，全心全力的應付它，把這一句讀完。

把這一句讀完所花的時間也許不是很多，但是讀完以後，因為剛才這一句給了你那麼多的功課，你要把這些功課做完，就是說，你要判斷這一句話的好壞在哪裡，這就很花時間了。好在哪裡，你要多想一想，然後再想為什麼好？又為什麼不好？要想種種的問題。這一句話可以提供你的題目太多了。這一句的言外之意是你要知道的，一定有言外之意。之後還要再想，與前後句的呼應如何？它不會是單獨一句話。一本書裡，這一句話呼應的次數、方向可能也很多，都要把它想通。還要考慮其他的方面，比方說，這是一句

講哲理的，那就夠你想半個小時。它的哲理跟誰的哲理有關係？它的哲理是哪個方向的？讓你引起什麼樣的聯想等等。假如這一句是寫人物心理的，也可以讓你想很久。首先你可能拍掌叫好，說，這一句「你」寫對了。那你又怎麼知道寫對了？因為你回頭像看鏡子一樣看到自己，他寫的正是我以前相同情況之下時的心理。這種回顧、檢查也都耗時間。如果是一句風景描寫，你也要想：為什麼會覺得他寫得這麼好？那也就是說，在你的腦筋裡面就像演電影一樣，要一遍一遍把這句話所寫的景物再演一遍，然後再看這幅圖畫美在什麼地方？或，缺點在什麼地方？都要一再檢驗。因為這就是你當一個批評家的責任——你不是普通的讀者，而是批評家。所以一定要默讀。假如我大聲的把這一句念出來，我的聲音就會干擾我的閱讀，干擾我對這一句的了解，反而是個障礙。回頭想想，默讀的方式古人也是如此。不管文章的長短、好壞，古人老早就用圈點法。這個辦法我們可以再用。你自己先判斷這一句話，如果滿意，就給一個圈。更滿意，給它兩個圈。不滿意的，你就給它一個叉。就算太武斷，也沒關係，將來回頭時再檢討，再跟自己辯論、再決定。所以圈點法就是現在也該用，應該好好再用。

如果是長篇大論的話，中國古代也用慢讀的方式。看看他們的註解就知道。小說如何？也沒有問題。金聖嘆就是最好的例子。他每一句都解釋，證明每一句他都慢讀想過了。他把意見寫在這句的下面，用細小的字體寫下來。金聖嘆的書很多都是下了這種慢讀的工夫。他倒是一個我們可以學習的對象。所以慢讀不只是西方採用，中國老早就已經使用了。

單：柯老師和我一個出身中文系，一個出身外文系，而王老師在外文系和中文系都教過。剛才王老師提到金聖嘆，金聖嘆的評點是中國文學批評裡非常有名、具有特色的，而六〇年代臺灣的外文

系非常著重新批評。老師剛才提到讀的時候要採批判式的閱讀法，或者把自己置入情境中來閱讀。你提倡的細讀、慢讀，與中國傳統的評點式的讀法或西洋的新批評的讀法，似乎都結合了兩個 C：一個是 critical reading，批判式的閱讀，嚴格審視字與字、句與句之間的關係；另一個是 creative reading，創造性的閱讀，把自己投入其中，設身處地去閱讀。

我讀政大西語系時是在一九七〇年代前半，那時我們就覺得臺大外文系一群學生在一九六〇年代創立的《現代文學》已經變成了一則傳奇。我的同班同學、現在的女導演黃玉珊就說：為什麼他們那一班能有那樣突出的表現，而我們沒辦法繼續？前些日子我在香港遇到劉紹銘教授，他在臺大外文系比王老師高兩班，《現代文學》的發刊詞雖然沒有署名，卻是他執筆的。在將近半個世紀之後回顧，劉教授就說，他們那一班真是了不起，出了那麼多作家，包括白先勇、王文興、陳若曦、歐陽子等等。先前我訪問李歐梵教授，他也跟我提到，他大學跟你同班，有時兩人坐隔壁，他就注意到你有自己的書單和讀書計畫，按部就班進行。[3] 大家好奇的是，為什麼你念大學時外文系的作家輩出，比中文系多而且醒目，而現在外文系的作家卻很少？會不會就像你所說的，有很多厚重的教科書和書單把學生壓得喘不過氣來，沒有閒暇和心情寫作？

王：首先，我個人不覺得我跟別人有什麼兩樣。我想先不談誰是不是作家，「作家」這個名字是可以隨便亂安的。出版了就是作家嗎？那有人寫了不出版又怎麼樣？說不定這樣的人很多，我們也不知道。所以現在的作家多寡與否跟作家本身的定義，我們都不必理會它，這都無所謂。要緊的反而是誰是真正的讀者？這才是最

---

3 劉紹銘與李歐梵兩人的看法分別參閱《卻顧所來徑》頁 274 及頁 352，劉之篇名為〈寂寞翻譯事：劉紹銘訪談錄〉。

要緊。為什麼？因為閱讀跟寫作是分不開的。如果一個學生真的是一個負責任的讀者的話，我可以保證他跟作家中間只是一線之隔而已，兩者是沒有什麼分別的，早晚他也是作家。首先要緊的是，他是不是一個負責任的讀者？或者熱情的讀者？就是說很願意閱讀。那麼熱情的讀者在今天的學生裡面絕對還有。所以我覺得今天跟以前沒有不同，絕對可以找到很樂意讀書、很樂意走進文學世界的人。只要這一點肯定，就證明前後的文學景象是沒有兩樣的。

文學教育的推廣者

單：大家著重的是王老師身為作家的成就，但是可別忘了，王老師在榮退前是臺大外文系的資深教授，教了四十年的小說和文學作品。這套書收錄了一篇兩頁的短文〈展望二十一世紀〉，裡面特別提到文學教育的問題，顯示了他對於文學教育的關切。王老師雖然出身外文系，但也很熟悉中國古典文學，並且有個人獨特的評價。比方說，他對於《紅樓夢》的評價並不是那麼高，而特別推崇《聊齋誌異》的藝術價值，其他受到他青睞的還有孟郊的詩、蘇轍的散文等等。在 2011 年接受法國藝術暨文學騎士勳章時，他的演說稿並不是很長，但大部分的篇幅是在呼籲大家注意中國筆記小說的價值。

晚近王老師對於文學教育的推廣更是不遺餘力，像是「《家變》六講」、「古典詩文十講」、「詩文慢讀四講」、「《背海的人》六講」、「《坑具屋》几講」等等，看得出除了原先在臺大外文系和中文系教授文學之外，觸角更為寬廣。如果說原先埋頭創作的王文興是文學的苦行僧的話，我覺得現在的王文興有如文學的傳道士，提醒大家留意文學教育，積極利用各種可能的機會提倡自己多

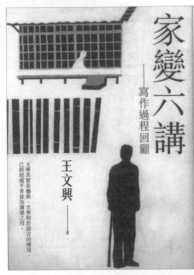

在《家變六講》與《玩具屋九講》中，王文興現身說法，以細讀慢品的方式，帶領讀者進入他的文學世界，「欲將金針度與人」。

2009年11月4日，於誠品書店敦南店舉行「王文興新書發表會暨榮獲國家文藝獎祝賀會」。（單德興攝影）

年喜愛的中外文學，特別強調中國古典文學。記得 2009 年在《家變六講》新書發表會暨國家文藝獎獲獎祝賀會的發言中，我特別提到你「自家現身自說法，欲將金針度與人」，努力要把閱讀文學的訣竅傳授給年輕的一代，這個說法深獲你的認同。今天也有國中老師特地帶學生來到現場。能不能請你談談自己作為一個文學教育者、提倡者的心境，尤其是晚近的努力。

王：講到教育這方面，我個人的想法和工作的方式從來沒有改變過。只不過以前教書的場合多半限制在外文系，課本經常是外文的。自從離開臺大以後，我的方向其實還是一樣，走的還是教文學這條路。而且剛才也提到過，教的方法也一樣。單教授講到新批評，是的，我也許偏重這一種類型，而我老早講過，新批評就是舊批評，因為中國的傳統批評老早就這麼用了。

那麼，單教授認為我是不是方向轉了，從西洋文學轉向中國文學？倒也未必。從前我教外文系、中文系時，我也很注意中國文學這塊範圍。那為什麼好像現在我只講中國文學，不講西方文學？那完全是場合的影響。如果我在校外，拿一本英文的書當作文本，聽眾很可能覺得不習慣，中途就離開，不會有收穫。這樣的演講就等於是白講了。所以離開學校後，何以只講中國文學？只因為考慮到跟聽眾溝通的必要。用中文文本溝通容易多了。中文文本比較容易被接受。那麼中國文學裡為什麼我又偏重舊文學？因為舊文學才是字字珠璣。文言文用字那麼少，只有用字這樣少的文學你才需要慢讀，字愈少、愈精省、愈精確，愈需要慢讀。

再來，確實像單教授說的，我一直認為五四以來太重視白話，文言小說完全被忽略了。這是很大的損失。至於文言小說，大家最容易想到的是筆記小說。其實文言小說細細想起來還有很多。何止筆記小說！文言小說包含哪些？從《左傳》、《史記》開始，那不

用說了，應該所有文言寫的歷史故事都是文言小說。乃至於孔孟都是小說。《論語》、《孟子》裡頭哪一篇不是用對話體來寫？裡頭篇篇都有對話，都有一個小故事。如果你回頭看這些，很多都是第一流的文學，史書裡極多第一流的小說。中國雖然不肯用小說這個稱號，但是小說從古到今是到處都有。

再說筆記小說。大家以為筆記小說本來就是文學，但嚴格講，筆記小說原先反而不在文學範圍裡，是在史學範圍裡。筆記小說就是史料的意思。所以我們了解到小說是無所不在的，了解到史書裡頭盡是小說，沒有一篇不是小說。讀歷史等於就是讀小說。所以，為什麼孟瑤女士可以成為小說家，因為她是學歷史的。學歷史的時候你把歷史看成小說，也會趣味橫生，不必斤斤計較於年代、地點這些枯燥的資料。所以中國的歷史跟小說是完全不可分的。還有不可分的，甚至中國散文很多都是小說。這怎麼說？因為墓誌是小說，行傳也是小說。別以為蘇東坡是詩人，不寫小說，他寫的那些傳記、墓誌、行傳，裡頭講一人一生的故事，是絕好的小說。韓愈也一樣，大家比較知道韓愈的散文，但是我們忘記了他所有的傳記、墓誌等等都是小說。所以的確中國舊文學裡小說的藝術是被人忽略了。還可以這麼說，假如要去挖掘的話，可以說幾乎整部中國文學史，除了詩以外，就是一本小說史。喔！不！何止中國文學史！中國所有的史書、哲學、經史子集皆小說也，可以大膽這麼說。

柯：關於王老師講的這幾點，我想加一個簡短的中文系的註解。中國古典的書寫大概到了六朝的時候已經很清楚的分成兩類，一類叫作「文」，一類叫作「筆」，甚至有些文體是同時有「文」有「筆」。比如弔文，像陸機弔曹操的那篇〈弔魏武帝文〉就很有意思，前半段敘述曹操的軼事，後半段用像押韻的詩體來書寫對這些事蹟的感想，就成了自己就事抒情的部分，表達的不是對他自己生

平的情感，而是他對曹操生平的感慨，抒發對於曹操那麼偉大的人物終究仍有很多自相矛盾的人性反應，對其情境與人性反應所興發的深沉感嘆。前面用的是「筆」，就是以散文的方式記載了那些故事；後面則是抒感的「文」。我試過讓中文系高班的學生或研究生讀，每一個人都覺得真正感動的是前面，就是用筆、用散文的部分，以古文的形式講的那個故事。而後半段就像是故事讀完了以後，將感嘆用詩的形式寫出來。但是真正重要的反而是那些故事，而且那些故事具有對人性極深的觀察。曾經叱吒風雲的人，到了將死之際，卻得哀求他較大的兒子們，可不可以也照顧一下我的小兒子等等。曾經想要統一中國的一代偉人臨終卻說，將來我死了我的妻妾不可能再去嫁人，那怎麼辦？又怕他的大兒子、二兒子都不照顧他的妻妾，所以他就對妻妾說，你們自己想辦法開始學習做手工、編鞋子，也許靠此維生還可以活得很好。這整個故事讓你覺得真是好極了的小說，書寫偉大人物面臨生命終了時的一種心情逆轉。

我們不但二十五史都是以小說為主，事實上還有很多像《太平廣記》之類的書，今天所知道的唐人小說只是從《太平廣記》裡頭抽出來的一小部分，比如說〈紅線傳〉、〈李娃傳〉，其實內容很豐富，有學者在研究，但是照王老師的講法，應該要有人把它做更好的編輯，加上適當的註解，因為年代愈久愈會有一些時代的隔閡。有一套《二十五史精華》，內容真是好得不得了，但可惜的是沒有註解。

另外我覺得可以呼應王老師的講法是，《史記精華錄》一句一句都有評點，記得我小時候閱讀時，最讓我感動的不只是文字很好，而且其中評點的見解很好，甚至評點本身的文字也好。所以我想王老師這樣的提倡其實是很重要的。

單：由於王老師嚴謹的創作態度以及對於文學的要求及文學教

育的重視，再加上說話時慢條斯理，讓人覺得他是很嚴肅的人。但是看到最近（2013年年底）《中國時報》開卷年度好書獎找王老師拍照，坐在具有濃厚童趣和歡樂氣氛的旋轉木馬上，顛覆了多年來「嚴肅的小說家」、「文學的苦行僧」的形象，讓許多人跌破眼鏡。但我個人倒不會覺得太意外，雖然《家變》因為主題的緣故充滿了嚴肅氣氛，可是《背海的人》裡面其實有很多黑色幽默、喜劇甚至鬧劇的成分。也就是說，王老師既有很嚴肅的一面，其實也有幽默、甚至調皮的一面，為了配合文學推廣，你可以顛覆以往的形象。今天的主題是「小說背後的作者世界」，所以想請問的是，超過七十歲的你是否已經可以從心所欲了？

　　王：我想，我沒有什麼改變。假如說我做了什麼推廣的事情，跟以前在學校教書也是符合，在學校教書只是在教室裡頭推廣。而不管是不是推廣、是在教室裡還是在校外，基本上無非我只有一個身分，始終是一個讀者的身分。如果推廣，也不過是把讀者的看法講出來，希望別人也有一些呼應，也有一些感受，如此而已。所以現在回頭看，問我跟以前有什麼不同？我覺得沒有一點不同。我有什麼身分？所有身分我都不承認，我只承認讀者的身分。作家的身分，甚至於教育的身分等等都是次要的，我基本上始終是一個讀者而已。

　　柯：我是王老師最早的學生，雖然是中文系的學生，但是他教我們現代文學的那一年讀的全都是英文文本。我們因此享受到很多東西，因為王老師不只教小說，也教散文，就是教西班牙籍諾貝爾文學獎得主希梅耐茲（Juan Ramon Jimenez, 1881-1958）的 *Platero and I*（《小毛驢與我》，原名 *Platero y yo*），也教劇本，小說中包括了挪威籍諾貝爾文學獎得主小說家漢姆生（Knut Hamsun, 1859-1952）的中篇小說 *Pan*（《牧神》），長篇小說則沒有教。那個時

候我們因為心智還不成熟，認為自己是新派的青年，覺得只有不學無術的人才去讀瓊瑤。可是我記得很清楚，王老師當時說，其實瓊瑤的文字很好。後來王老師又談到，其實在不同的人生階段只要讀你能夠讀得進去的作品就好了，不一定要去讀你現在還讀不懂的作品。因為我們那時候認為某些作品是屬於經典文學，而某些作品是屬於通俗文學，所以我們問老師是不是應該訂一個書單？只讀某類的作品？但老師的意思是，讀了以後藉由熟讀深思，慢慢地眼界和感受的能力就會提升，進而自然而然不能滿足於比較沒那麼好的作品，而想去讀更好的作品，就這樣一路往前走。所以小孩子讀兒童讀物也是對的，諸如此類。那不曉得老師現在的想法是否還是跟五十年前一樣？

王：我常常遇到人問，該讀什麼書？我只有一個回答：參考文學史就是最可靠的辦法。我也不停地講，參考文學史後，只讀昨天認為讀不懂，今天剛讀懂的書。

單：文學史的確是很重要的問題。比方說，在討論臺灣文學史或華文文學史時，《家變》都是具有代表性的小說。另一個具有文學史意義的就是《現代文學》雜誌。白先勇、王文興、陳若曦、歐陽子等人就讀臺大外文系時創立《現代文學》，當時是反共的戒嚴時期，主要的文風是反共文學，若是不願意創作反共文學又想要突破的話，就讀外文系的人有機會得風氣之先，接觸到現代主義、存在主義等等，並且提供了一個重要的窗口。《現代文學》前十五期幾乎每一期都介紹一位作家，根據我跟李歐梵、劉紹銘等人的訪談，他們都說王老師的點了很多，主要是由他規畫要介紹的作家，第一期就是卡夫卡，之後介紹了一系列的作家。[4] 論者一般是用現代主義

---

4 劉紹銘並翻譯了卡夫卡的短篇小說〈飢餓藝術家〉（ "A Hunger Artist" ），李歐梵至今對卡夫卡的評價依然極高，可分別參閱《卻顧所來徑》頁 283 及頁 368-369。

來定義以你為代表的這群作家。現在回頭來看現代主義在臺灣文學史的地位以及在華文文學史的意義時，你會如何評價？

王：我看這可能必須在百年以後才可能有評價，因為我們現在靠得太近了。其實呢，我一直覺得《現代文學》也只不過是一本跟隨《文學雜誌》的雜誌。請大家不要忘記，有什麼貢獻的話，我們的老師夏濟安教授等人創辦的《文學雜誌》才是一馬當先，才是大家應該推崇的對象。

《巴黎茶花女遺事》譯者

單：還有一個牽涉到文學史或文化史的公案，正好今天趁這個機會當面請教王老師。你家學淵源，祖父王壽昌先生當時是與詹天佑一塊出國學新學，但他很喜歡中國古典文學，造詣很深，在近代中國文學史或文化史上，大家注意到的是他與林琴南（林紓）合譯了《巴黎茶花女遺事》，是林琴南的首位合譯者，而且兩人只合譯了這一本。林琴南是桐城派古文家，不曉外文，是在《巴黎茶花女遺事》風行之後才開始與其他人合譯了一百多部外國作品，在中國文學史與文化史上是以翻譯家留名。所以有關他的譯事以及在文學史和文化史上的地位，第一部譯作是非常關鍵的。你在與洪珊慧博士訪談時提到，其實《巴黎茶花女遺事》是王壽昌先生以文言文翻譯，後來找林琴南一塊掛名，這跟一般中國翻譯史、文化史上的認定似乎不大一樣。

王：我想，我跟她提到的只是我個人的看法，我並沒有足夠的資料證明《巴黎茶花女遺事》一書全部都是我祖父翻譯的。我的看法是從我老家後來取得的資料整理出來的，早先我們也一無所知。此外，好像陳石遺先生也講過，說是我的祖父已經事先翻譯好了。

我後來在臺灣商務印書館找到《巴黎茶花女遺事》全文。我讀了後，更發現其中的文言文文體跟林琴南先生其他譯作的文體完全不一樣。後來我再找到我祖父的其他文言文文體，卻發現完全符合。這算不算是證明呢？我不知道。充其量只算我個人的看法，並無其他的證明。不過林琴南先生後來的確跟很多人合作翻譯其他的西洋小說，這似乎又是另一回事。他確實曾跟很多人合作，別人口譯，他筆錄。但是我也可保證後來林琴南其他的譯文跟《巴黎茶花女遺事》的文體也完全不同。這一點我可以很肯定。然則我的祖父是不是《巴黎茶花女遺事》的譯者一點都不重要，因為我的祖父把這件事情看成小之又小。當年他自己認為他重要的翻譯應是關於西方經濟學方面的一本書。[5] 他相信那本書對中國應該有貢獻，他下了心血來翻譯。還有，他翻的《巴黎茶花女遺事》只是節譯本而已，為什麼後人把它看成一件大事？《巴黎茶花女遺事》難道只有那麼薄薄幾頁嗎？何止！所以人間很多事無理可解，不知道怎麼回事。一路傳說到現在，要澄清也困難了。我保證我的祖父不會高興他以一本名叫 The Lady of the Camellias（La dame aux camélias）的小說節譯本留名。我也讀了他自己的著作，他那本經濟學的翻譯我沒有找到。我讀了他的詩，我覺得他的文字方面散文很好，客觀的講，散文比詩好。跟他來往的人，嚴復的散文也寫得好，想來大家都同意。

目前的寫作與計畫

　　單：因為時間的限制，我提出最後一個問題，相信這也是大家很感興趣的：能不能談談你目前的寫作和晚近的計畫？

5 法國博樂克原著，《計學淺訓》，鉛印本，上海：商務印書館，清光緒 34 年（1908）。

王：我正在寫一本書，希望在一、兩年內能寫完。但是可能會有一個問題，就是不知道誰出版？也許出版社遇到的困難會超過前面兩本。但是這無所謂，因為就像我的第一本書，起先我也不相信有人肯出版。當時還沒有現在的影印方式，我就想，好吧，那就一張蠟紙一張蠟紙刻鋼板，自己手抄留下來就是了。現在寫的這本書假如沒有人出版的話，再回到自己影印留幾份也可以。

單：你先前接受我訪談時提到，這是一本所謂的宗教小說。這跟你個人的宗教信仰、終極關懷有關係嗎？

王：的確是一本宗教小說，但是這裡的宗教是有關宗教生活的描寫，書中沒有任何神學的討論。為什麼？因為說到神學的討論，我絕對不夠格。我所知道的神學，以一個神學的專業立場來說，那是太有限了。[6]

柯：至於王老師的那本書，請你優先考慮讓我出吧！〔眾人笑〕因為在兩年之內我仍然擔任臺大出版中心一個系列叢書的主編，所以我們巴不得、渴望、懇求、哀求老師一定要讓我們出版。假如老師願意保留真跡，我們當然也很願意，就用你的筆跡，但是一定要讓我們出版，我們先預約，先講先贏。接下來我們留一點時間給在座的來賓發問。

現場問答

問一：我是國中時期第一次讀到王老師的作品，讀的就是《背海的人》，當時不懂事，還在書上寫了眉批：怎麼一開始就講髒話？今天很高興聽到這麼精采的一場對談。你們這一班真是人才濟濟，

---

6 即 2016 年出版的《剪翼史》。可參閱本書〈文學與宗教〉，頁 124-126 及〈回首來時路〉，頁 217-218。

有你、李歐梵老師、白先勇老師、陳若曦老師、歐陽子老師，不過恕我直言，似乎遺漏了一位，就是郭松棻老師。我十三歲就讀到郭松棻老師的《月印》，從此曾經滄海難為水。我非常好奇王老師跟這幾位老師之間的情誼。另一個問題是，你在閱讀和寫作的時候是在完全寧靜的狀態之下，還是會聆聽音樂？

王：郭松棻先生的確是我們同班同學，也許現在的注意力都放在《現代文學》這個刊物。當時他沒有參加這個刊物，所以大家就不會把他的名字跟《現代文學》聯想在一起。我剛才也解釋過，《現代文學》這四個字也不必太注意它，這只是當時的一個刊物的稱號而已。郭先生的著作必然有他個人的價值，與參加《現代文學》與否完全無關。

我不知道別人的習慣，在我，寫作時聆聽的即使是最好的音樂都會是最壞的噪音，我完全不能接受。

問二：讓我說一下我自己讀《家變》的經驗。我大學時第一次讀《家變》，是用一種很原本的感覺，覺得自己像是在監獄或是一種無奈的空間裡，面對著一位不得不接受的父親，面對他退休之後的所有點點滴滴。我非常感謝的是，老師把我心裡面的那種青年的感情，當時說憤怒也不對，就是不知道該怎麼面對一個丟也丟不掉的、給我生命的生命。在很無奈的情況之下，我就靠著老師書中的每一句來度過，真的是慢讀。而且我在那一本書上的註記多得要跟小說本身的文字一樣了，還夾了很多夾頁，於是我很驚覺到自己受到這本書的好處，當時沒有去找諮商的對象，卻藉著這本書得到洗練，讓自己成長了過來，這是我很感謝的部分。

王：非常謝謝你說的很感謝的地方。我想到另外一位讀者讀《家變》的感受跟你很相近。她是著名的歌手伊能靜小姐。聽說她在北京登臺時曾講到她讀《家變》的感受，我聽到之後覺得是有一些道

理。她說她讀《家變》是一邊讀一邊哭。就是這一句話。她並不進行詳細的句法的分析，也不做任何文學背景的了解和討論，她只是以最基本的反應來讀。後來我想，也許這也是讀書的理想辦法。讀任何的書，大概都應該先不多問，不分析，只單純去感應它。你的讀法跟伊能靜小姐的讀法很接近。不去分析，只講呼應、感應。同樣地，剛才有位小姐也說，讀到《背海的人》嚇一跳。也許有人讀《家變》像伊能靜小姐那樣一邊讀一邊哭，那我希望有一個人說，他讀《背海的人》是一邊讀一邊笑。〔眾人笑〕這也許是採用比較基本的、理想的閱讀辦法而能夠得到的結果。就是不多問、不談任何學院派的解釋。

問三：三位老師都是學文學的，剛剛提到小說跟文學、歷史都可以結合。事實上歷史跟文學真的是非常非常不同的範疇。我在國中和高中是文學青少年，寫什麼都被刊登出來，到大學時也是這樣。可是後來讀了歷史，才從文學的界限走了出去。剛才老師們談到這部分，可能你們浸淫在文學中，而沒有往史學去延伸，看看彼此的不同。這是我自己的感想。

王：我想我同意你說的，歷史是一門絕對獨立的學科。我的意思不是指歷史完全是文學，而是說歷史有很多文學的優點，尚未被人發現。寫歷史的人用了許多文學的技巧寫歷史，把很多跟文學美感有關係的成分放到歷史的寫作裡。所以學文學的人可以擴大範圍到史書裡找尋文學。當然，現在誰都曉得《史記》也是屬於文學的範圍。《史記》是歷史研究者必讀的史學的經典，可是它有文學的優點。這是我的看法。

問四：我想請教王老師，在我們成長的過程中，大多從新潮文庫或遠景出版社的叢書閱讀到外國小說與諾貝爾文學獎得獎作品，其中大部分都是長篇小說。但是去年諾貝爾文學獎得主孟若（Alice

Munro, 1931- ）的作品卻是以短篇為主，能否請王老師就這點談談？

王：孟若的作品我還沒讀。她也在我的讀書計畫裡。有一天我想也會讀到她。至於說諾貝爾文學獎向來重視長篇而不重視短篇，那大概也是無意之間造成的現象。在文學史裡以短篇成家的許多都是極重要的作家，像法國的莫泊桑就是，沒有人會否認他的短篇小說在文學上的地位。跟他差不多同時代的俄國作家契訶夫、英國的曼斯菲爾德也是以短篇為主。這都不影響他們在文學界的地位。所以我們回頭來看，答案反而容易找到。

問五：第一點，我佩服王教授強調慢讀。我有到大學旁聽，發現現在的大學生跟我念大學的時候不一樣，每個人前面都有一個平板電腦，上課的教授不干涉，因為教授認為他們也是在學習。我曾聽到一位教授說，他在課堂上所講的內容，學生從網路馬上可以找到，也是一個輔助的學習方法。我想請問王教授，現在我們跟大陸有很多交流，不知道你是否想到大陸去講臺灣的文學？因為現在世界各地都說我們臺灣的人最美。其實我們保留古典文學也是一等的，因為我們是用繁體字。我知道有兩位教授，一位每年夏天在中正紀念堂開課，我們都去免費旁聽。他講《易經》一級棒，也講古典文學。另一位是臺大哲學系教授，往來於臺灣、大陸。所以我覺得我們臺灣影響大陸的方面有很多，從哲學、文學等等，希望王老師也到大陸去發揚我們的文學。謝謝！

問六：接續這位女士的話，我就是從大陸來的自由行者，走到這裡突然看到王文興老師的講座，就放棄了後面的行程，坐在這裡聽講。前年我們大陸的作家莫言拿到諾貝爾文學獎，引起了大陸文學界的喧囂，大家都為此激動。我想請問你兩個問題：第一，如何從你的方式來讀莫言的文章？第二，你對大陸熱愛文學的青年們有什麼建議？

王：我先回答第二個問題。我這一、兩年也確實見過許多大陸來臺的陸生和記者。我不是有意恭維，你們的程度都非常高，這是我的印象。我記得有一次在大陸也是這麼樣一個場合，有一位三十來歲的人問題問得非常好，我以為他是學校裡的教師，後來才知道他是一個出版商。我想中國大陸在各方面非常努力，在學術方面的努力是有目共睹。我們怎麼樣都不能否認這個現象：就是他們年輕人向學的精神非常之高。這是我觀察的結果。

至於我願不願意常去大陸擔任一些文化交流的工作？是這樣，目前在我寫書的時間分配裡比較難，但將來可以列入考慮。現在文學交流也不一定要面對面交流，各種方式都可以辦到。

關於莫言先生，這是沒有問題的，他得諾貝爾文學獎當然實至名歸。我剛才說孟若的書我列入將來要讀的書單，同樣地，最近的一些諾貝爾文學獎得獎作品，我將來有機會一定願意拜讀。因為大家也知道我讀得慢的關係，〔眾人笑〕所以現在西方文學裡面，我還停留在厄普代克（John Updike, 1932-2009）的階段，還沒有趕上第一線最新的得獎作家。但遲早會讀到。大陸的作家我還停留在豐子愷（1898-1975），我很看重他，我認為他的散文有很高的成就。

柯：我們很高興今天有機會可以聽到王文興老師很多很精采的言論。在結束今天的討論跟演講之前，容許我利用主持人的一點小小的特權，再補充幾句。從紀州庵開始談起的時候，我就一直想到王老師在他的《十五篇小說》的序文裡頭，特別提到《龍天樓》的最後一句：「自『整座樓沒進暗影中』，改為『整個樓面落進暗影中』。當初也是過度注重內在的象徵一面的意思。仔細讀的話，都可讀出先前的語病，若要整座樓都沒入暗影中，除非還有一座更高的樓在牠的背後擋住。一旦修改過困擾了我十多年的問題，就像治好了十多年的痼疾一樣，頓然輕鬆許多。」但是《十五篇小說》再

版時，王老師提到：「『龍天樓』的最後的一句，我又改回去了。還是『整座樓沒進暗影中』。從行人的觀點，雖只看到樓面，但仍覺整座樓沒進暗影中。我責怪二十年前我多事，我的修改實可曰『深求反失』。」從這裡我們大概可以看出兩件事：第一件事是，王老師的寫作尋求豐富的象徵意義，所以我們要熟讀還要深思，這剛好是蘇東坡的話——那時他還沒有被下放到海南島〔眾人笑〕——「好書不厭百回讀，熟讀深思子自知。」另一件事就是，一方面王老師是一個讀者，另一方面就像他用嚴格的態度去閱讀作品，他自己也用那麼嚴格的方式不斷地精鍊自己的文字，精鍊自己的文體，精鍊自己的作品。今天因為時間有限，所以很多方面沒辦法暢所欲言，反正我身為王老師的學生，老師寫經我就寫註，所以這是我的一點註解。我想王老師說的理想的閱讀方法很重要，第一步是直接呼應作品的感受，然後再熟讀、再深思，而熟讀、深思的部分不一定是學院式的批評跟分析，其實這裡牽涉到更豐富的每個人的生命如何地跟作品的生命直接呼應，通過作品的神韻提升我們自己的境界——這是中文系的術語。

問七：我是古亭國中的老師，今天帶學生們來聽這場演講，這對他們是全新的體驗和成長，他們以國中生的身分來聽類似大學的講座，問答的時間他們雖然沒有發言，但彼此間有些討論，像是王老師提倡的慢讀是不是就像五柳先生講的，「每有會意，便欣然忘食」。因為老師會一直去反覆思考句子的涵義，但又不是在句讀上的執著。另外，他們也很可愛，剛剛一直想問：如果老師要去荒島，會帶哪一本書去慢讀？

王：可以帶的書太多了。十年前我在臺大一次同樣的場合，有一個外國同事問我同樣的問題，當時我的回答是，我帶一部《朱子語錄》，因為字數夠多，而且裡面的每一句話都可以讓我想很久。

紀州庵鼎談結束後合影。左起：柯慶明、單德興、王文興、李有成、封德屏。（臺大出版中心提供）

當然這個回答今天還是可以用。但是我也可以有第二個回答，會帶一本《聖經》。

單：英文本還是中文本？

王：沒有什麼分別，中英文的翻譯都滿可靠的。這跟我的信仰無關，而是我最近才發覺《聖經》的文學有多高明，尤其《新約》。我起先不認為如此，只認為《舊約》的文學很高，但我漸漸地發現《新約》的文學一樣高明，高明到不容易看見。而且我到現在也還沒有時間從頭到尾詳細的閱讀。這本書也是到荒島可以考慮帶去的書。[7]〔眾人笑〕

柯：好，我們就以熱烈的掌聲感謝王老師，今天的活動就在此圓滿結束。

---

7 王老師對於宗教與文學的看法，詳見前兩篇訪談。他對於《聖經》文學的推崇，參閱本書頁 135-138 及頁 161-163。

回首來時路

時間：2021 年 9 月
方式：書面訪談

前言

我於 1983 年首度訪談王文興老師，就此開啟了個人數十年的訪談之路。之後陸續於王老師寫作的不同階段進行對話，其中一些曾正式發表。最近一次是《慢讀王文興》套書（臺大出版中心，2013）出版次年，由我、柯慶明教授與王老師在紀州庵的對談紀錄，轉眼又是七年過去了。這些年間他又出版了長篇小說《剪翼史》（2016）與文集《新舊十二文》（2019），因此我有意再度進行訪談。

不料 2020 年新冠病毒肺炎席捲全球，臺灣於大疫的威脅下，勉力維持日常生活運作。王老師在接到訪談邀請後表示，「先等疫情漸息後，我們再擇定時地見面」。2021 年 5 月疫情急轉直下，全臺風聲鶴唳，草木皆兵，待 8 月疫情稍緩，我再度聯繫。考量到老師年已八旬，因此在個人近四十年的訪談生涯中，破天荒地建議了三種進行方式：一為相約到他童年故居紀州庵當面訪談，依中央流行疫情指揮中心規定，在場者全程佩戴口罩；二為提供訪談題綱，再電話訪談錄音，或由王老師錄音後寄回，謄打後再請他修訂；三為根據訪談題綱，直接以書面作答。王老師於 8 月 18 日傳真回覆，決定採用書面方式，並說：「非常時期，只能如此，諒讀者皆會了解」。

於是我大量閱讀資料，準備訪談題綱，前後五易其稿，於 9 月 7 日奉上。王老師擇要回答了大約五分之一的題目，分五次回覆。我每次接到傳真立即請人謄打，穿插於相關題目之後。其間王老師數度補充與修訂，足見其慎重。全稿於 9 月下旬完成，經王老師確認，謹此致謝。

《剪翼史》，2016年8月，洪範書店。

《新舊十二文》，2019年11月，洪範書店。

《剪翼史》[1]

單德興（以下簡稱**單**）：就文字而言，《剪翼史》（2016）比《家變》（1973）和《背海的人》（1999）都更為平易，這是你對讀者更加「讓步」，還是「進步」到了你所稱的「無色無香」的文體與風格？既是「無色無香」的風格，為什麼還是有那麼多文字上的設計，如注音、古字、簡體字、黑體字、異體字、放大的字體，以及各式各樣的標點、自創的標點等？

王文興（以下簡稱**王**）：異體字等等，只為求真。有時也為求順。皆涉及聽覺、視覺二者。

---

1 可參閱本書〈文學與宗教〉，頁 124-125 及〈小說背後的作者世界〉，頁 207-208。

單：這本書的序言跟你以往書序最大的不同，就是納入了原先要寫入小說中的兩個插曲，請問如此做的用意為何？

王：為求破格，與眾不同。此亦現代主義初衷，要求自由。

創作與人物回顧

單：根據《新舊十二文》（2019）所附〈王文興生平與寫作年表〉，你第一篇正式發表的作品〈守夜〉是在香港的《大學生活》（1958 年 4 月），請問為何選擇投稿香港？還記得創作的當時以及後來發表時的心情嗎？之後你也有其他作品在香港發表。當時臺港文壇之間的關係如何？

王：香港較西化，較自由。我可以脫離臺灣的嚴格控制。即，可得更多的藝術自由。

單：你早年有五篇短篇小說刊登於夏濟安主編的《文學雜誌》。請問你對夏濟安的不同角色——老師、主編、批評家、學者——有何看法？他對你個人有沒有什麼特別的鼓勵或啟發？

王：夏教授當然是臺灣現代文學的領導人。記得他最器重的新進有叢甦、水晶、松青、金恆杰。

單：麥卡錫（Richard McCarthy）擔任香港美新處和臺北美新處負責人時，積極投入當地的文學與文化活動，像是在香港時協助張愛玲，在臺灣也結交了一些文人與藝術家，臺北美新處也有如文化沙龍般舉辦各種展覽與活動。請問你與他有什麼交往嗎？

王：麥卡錫和善典雅，是我們極喜歡并感謝的人。夫人亦喜好美術，她特別舉薦席德進。美新處圖書館亦我最感謝的場所，可借到當代的美國名家著作，彌補臺大外文系圖書館之不足。我只要一得空閒，就騎車前往，入內徜徉半日。

單：《家變》和《背海的人》中間相隔多年，根據你的形容一為「抒情」，一為「黑色幽默」，能否稍加說明？

王：抒情即淒美，黑色幽默即憤怒與嘲笑，或曰麻辣。

單：《王文興手稿集：家變、背海的人》（2010）不僅以手稿的方式呈現，並且進行四十一次錄音，把兩部作品一字一句朗讀出來，以現「聲」說法的方式，強調文本的聲音、甚至音樂性的面向。請問在錄音的過程中，對自己的作品有沒有新的體會？手稿與錄音對讀者／聽者與學者的意義如何？

王：錄音是我對三書最理想的詮釋。也是我唯一認可的詮釋。異此必偏離我的原意。《剪翼史》亦曾錄音，此事易鵬主辦，唯尚未市面發行。

文學經驗

單：你曾自述在臺大就讀時，在椰子樹下勤讀莫泊桑而「領悟」到慢讀的重要，能把這個經驗稱為你個人的 epiphany 嗎？這個領悟對你後來閱讀、創作、教學與推廣文學的意義與作用如何？

王：當時我確實學會看到文句背後之「真」，看到真面目。這就是我得到的 epiphany（悟真）。

單：你強調慢讀文學作品。令人好奇你在閱讀非文學類的文字時，所採取的態度和速度如何？

王：不論文學、非文學，我一律慢讀。但立刻知道值不值得讀，倘不值得，就立刻放棄慢讀之法。

單：你寫作時要求嚴謹，字字推敲，雖然速度緩慢，但多年堅持下來也出版了不少作品，有長篇小說、短篇小說、散文、戲劇、評論、手記等。在書寫不同類型的文字時，心境、準備與過程有沒

2010年6月5日，中央大學主辦「演繹現代主義：王文興國際研討會」，加拿大卡加利大學於會中演出王文興獨幕劇劇作〈M和W〉，謝幕時以象徵卡加利市「城市之友」的白牛仔帽一頂，向劇作者王文興致意。左起：Aleksander Ristic、Samantha Ykema、王文興、Ajay Badoni。（康來新提供）

有什麼不同？

王：當然長篇小說最慢。因長篇小說須顧前顧後，須字字顧到文氣的一致。

單：你的劇本〈M和W〉（1988）有相當程度的奇幻與荒謬色彩。請問是在哪種情況下創作這個劇本的？這個劇本不只一次在舞臺上演出，包括在加拿大卡加利大學（University of Calgary）。你對自己的劇本從書頁到舞臺（from page to stage）的轉化與再現有什麼看法？面對不同的語境與觀眾有什麼明顯的差異嗎？

王：〈M和W〉在中文界等於沒有迴響。所以我特別感謝當年加拿大卡加利大學戲劇系主任Barry Yzereef（伊澤里夫）獨加垂顧，

將英譯版搬上舞臺。我這幻想劇本是一拓展實驗文學的嘗試。甚至我將戲劇與小說結合為一，若讀者純將〈M 和 W〉當小說閱讀，亦不悖我之初衷。

單：在 2014 年紀州庵的座談中提到自己對西方文學的閱讀來到 John Updike，對大陸作家則來到豐子愷，並推崇他的散文成就。請問這幾年有何進展？

王：我推崇的白話文作家，若專指文體，則有周作人、郁達夫、老舍、沈從文、葉紹鈞、豐子愷、許地山、謝冰心。沈從文應是諸人文體中的第一人。老舍的文體固列口語化，太地方化，但畢竟高明。豐子愷的中文佳甚，惜未受重視。謝冰心九十高齡以後的文筆尤好。此外我亦膺服黎烈文譯筆的中文文體。遷臺後，我特別鍾意梁實秋、何凡、王鼎鈞。

回顧與前瞻

單：回顧自己的幾個重要角色，像是讀者、作者、教師、評論家、引介者，各自有什麼看法？

王：這幾個角色，其實是一個，就是作者。作者在不同的場合分身的個別角色。

單：從天主教徒的觀點，你對此生的期盼以及未來的憧憬如何？

王：信仰必是迷信。因天主太大，太神祕，我們一無所知，只能依據經驗，依據規定，信仰之。又因，信仰皆驗，故迷信確即可信之道。亦因一生迷信皆驗的前例太多，故足深信來世天主亦必護佑。

單：這次訪談因為疫情之故，採用書面方式，你認為書面訪談與當面訪談有什麼異同？

　　王：書面較好，較慎重。不致衝口而出，講出可有可無，於人無益的淺顯識見。

〈附錄〉
王文興生平及寫作年表

◎文訊編輯部整理

1939 年	11 月	4 日，生於福建福州，家中排行第三。父王仲敏，母林蘊瑛。祖父王壽昌與嚴復、詹天佑同為清末官費留歐學童之一，與林紓中譯小仲馬《茶花女》為《巴黎茶花女遺事》。
1942 年	本年	隨父母遷居廈門。
1944 年	本年	五歲入學，值二次世界大戰期間，屢因日軍空襲而輟學。
1945 年	本年	抗日戰爭結束後，遷回福州。
1946 年	本年	舉家來臺，居屏東東港。 就讀東港東國民學校。
1948 年	本年	舉家移居臺北，居於同安街的省政府員工宿舍（現為紀州庵文學森林）。 就讀臺北國語實驗國民小學，因學歷不完整，編入三年級下期春季班。
1951 年	本年	畢業於臺北國語實驗國民小學，考入臺灣師範學院附屬中學初中部。
1954 年	本年	畢業於臺灣師範學院附屬中學初中部，直升高中部。
1955 年	本年	高中時立定寫作為志向，受校內教師金承藝與郭軔指導甚深，並在英文老師吳協曼的指導下，埋首閱讀英文與翻譯小說。

1957 年	10 月	7 日，翻譯法國作家莫泊桑（Guy de Maupassant）短篇小說〈海上〉於《聯合報》第 6 版。
	11 月	22 日，翻譯匈牙利作家吉沙·加當尼（Geza Gardonyi）短篇小說〈村中來了一個畫家〉於《聯合報》第 6 版。
	本年	畢業於臺灣師範大學附屬中學高中部，考入臺灣大學外國語文學系。大學期間，熱中閱讀，甚喜閱讀黎烈文翻譯的法文小說，同時師從美國客座教授 Jacob Korg，閱讀英詩、卡夫卡與勞倫斯等作品，對其影響甚深。
1958 年	4 月	發表短篇小說〈守夜〉於《大學生活》第 3 卷第 12 期。
	8 月	發表短篇小說〈一條垂死的狗〉於《文學雜誌》第 4 卷第 6 期。
	12 月	發表短篇小說〈丁大夫〉於《大學生活》第 4 卷第 8 期。
	本年	與白先勇、歐陽子、陳若曦等人組織文學社團「南北社」。
1959 年	2 月	發表短篇小說〈一個公務員的結婚〉於《文學雜誌》第 5 卷第 6 期。
	4 月	發表短篇小說〈殘菊〉於《文學雜誌》第 6 卷第 2 期。
	5 月	翻譯〈英國知識份子的失望與徘徊——「憤怒的青年」為何憤怒？〉於《筆匯》革新號第 1 卷第 1 期。

	6月	6日，翻譯法國作家弗蘭薩·考佩（François Coppée）短篇小說〈紀念章〉於《聯合報》第7版。
		以筆名「銅馬」發表短篇小說〈痺〉於《文學雜誌》第6卷第4期。
	8月	發表短篇小說〈下午〉於《文學雜誌》第6卷第6期。
		翻譯英國作家大衛·赫伯特·勞倫斯（David Herbert Lawrence）文論〈奔向何處——論帕索斯與漢明威的兩本書〉於《筆匯》革新號第1卷第4期。
1960年	3月	與白先勇、陳若曦、歐陽子等人創辦《現代文學》。發表多篇作品於該雜誌，並積極參與編務，策劃卡夫卡、福克納、卡繆等多位西方現代作家專題。
		發表短篇小說〈玩具手槍〉於《現代文學》第1期。
		以筆名「金聲」翻譯美國詩人埃茲拉·龐德（Ezra Pound）詩作〈阿克薩之古墓〉於《現代文學》第1期。
	5月	發表短篇小說〈母親〉於《現代文學》第2期。
		翻譯法國作家寇蒂斯·凱特（Curtis Cate）文論〈莎岡的興衰〉於《文學雜誌》第8卷第3期。
	7月	以筆名「銅馬」翻譯美國／英國詩人艾略特（T. S. Eliot）詩作〈四首序曲〉於《現代文學》第3期。
	9月	發表短篇小說〈日曆〉於《現代文學》第4期。

	11 月	發表短篇小說〈最快樂的事〉於《現代文學》第 5 期。
		發表短篇小說〈夏天傍晚回家的青年〉於《中外畫報》第 53 期。
		發表〈論臺灣的短篇小說〉於《文星雜誌》第 37 期。
		發表新詩〈你的纖手〉於《藍星詩頁》第 24 期。
1961 年	1 月	發表短篇小說〈大地之歌〉於《現代文學》第 6 期。
	5 月	發表短篇小說〈草原底盛夏（懷念我遺失了一半底青年時代）〉於《現代文學》第 8 期。
		發表短篇小說〈結束〉於《大學生活》第 6 卷第 24 期。
	7 月	發表詩作〈六月的歌〉於《現代文學》第 9 期。
	9 月	發表短篇小說〈兩婦人〉於《現代文學》第 10 期。
	10 月	發表〈《美國詩選》評介〉於《文星雜誌》第 48 期。
	11 月	發表短篇小說〈大風〉於《現代文學》第 11 期。
	本年	畢業於臺灣大學外國語文學系，隨後入伍。其中四個月於宜蘭南方澳服役，後以該地為短篇小說〈海濱聖母節〉與長篇小說《背海的人》場景。
1962 年	1 月	發表詩作〈並非眼淚〉於《現代文學》第 12 期。
		翻譯美國作家凱瑟琳・安・波特（Katherine Anne Porter）短篇小說〈偷竊〉於《大學生活》第 7 卷第 16 期。

	4 月	發表短篇小說〈踐約：給先勇，For Friendship〉於《現代文學》第 13 期。
	11 月	與白先勇合編《現代小說選》，由臺北現代文學雜誌社出版。
1963 年	3 月	發表短篇小說〈海濱聖母節〉於《現代文學》第 16 期。
	4 月	翻譯美國文評家路易斯（R. W. B. Lewis）文論〈浪子與香客〉於《文星雜誌》第 66 期。
	6 月	發表短篇小說〈命運的跡線〉、〈寒流〉於《現代文學》第 17 期。
	本年	赴美國愛荷華大學「作家工作坊」從事創作研究。
1964 年	1 月	發表短篇小說〈欠缺〉於《現代文學》第 19 期。
	3 月	發表短篇小說〈黑衣〉於《現代文學》第 20 期。
1965 年	11 月	主編《現代文學》第 26 至 35 期（1968 年 11 月）。
	本年	獲美國愛荷華大學藝術碩士學位，返臺任臺灣大學外國語文學系講師，教授小說課程，提倡精讀。
1966 年	2 月	發表短篇小說〈龍天樓〉於《現代文學》第 27 期。
	3 月	15 日，應邀出席《幼獅文藝》為「現代藝術季」舉辦的「現代文學座談會」，探討現代文學創作趨勢與創作態度等議題，與會者有侯建、朱西甯、司馬中原、陳映真、鄭愁予、瘂弦、鄭文雄、張菱舲、段彩華等人。該藝術季由中美文化經濟協會發起，為慶祝青年節而舉行。

	7 月	18 日，開始寫作長篇小說《家變》。
	本年	於臺灣大學中國文學系開設「現代文學」課程。
1967 年	6 月	短篇小說集《龍天樓》由臺北文星書店出版。
1968 年	5 月	發表〈沙孚克里斯著《伊蕾克特拉》中的對比與衝突〉於《現代文學》第 34 期。
	9 月	發表〈《蒼蠅王》中的兩個中心主題──人類文明形成和人性的基惡〉於《書和人》第 93 期。
	11 月	發表〈《新刻的石像》序〉於《現代文學》第 35 期。
		發表 "An Analytical Approach to D. H. Lawrence's *Sons and Lovers*" 於《淡江學報》第 7 期。
		主編《新刻的石像──《現代文學》小說選第一集》，由臺北仙人掌出版社出版。
1969 年	6 月	短篇小說集《龍天樓》由臺北大林出版社出版。
	7 月	發表〈第三研究室手記〉於《幼獅文藝》第 187 期。
	8 月	27 日，與陳竺筠結婚。
	9 月	發表〈第三研究室手記（續）〉於《幼獅文藝》第 189 期。
	本年	赴美國布法洛城紐約州立大學研究一年。
1970 年	10 月	《玩具手鎗》由臺北志文出版社出版。
	本年	升任臺灣大學外國語文學系副教授。
1971 年	3 月	發表〈羅麗達的真面目〉於《美國研究》第 1 期。
1972 年	5 月	發表〈我看《一個小市民的心聲》〉於《大學雜誌》第 53 期。

	9月	長篇小說〈家變〉連載於《中外文學》第1卷第4期～第1卷第9期。
		發表〈我的一封抗議信〉於《大學雜誌》第57期。
1973年	4月	長篇小說《家變》由臺北環宇出版社出版。
	9月	發表〈發展文學的捷徑——成立藝術電影中心〉於《中央月刊》第5卷第11期。
1974年	4月	發表〈《聊齋》中的戴奧尼西安小說——〈狐夢〉〉於《幼獅文藝》第244期。
	本年	開始寫作長篇小說《背海的人》。
1976年	3月	發表〈古典才子王文興談現代女權〉於《婦女雜誌》第90期（本文為演講內容整理，標題為編輯所定）。
	10月	短篇小說〈欠缺〉收錄於Joseph S. M. Lau、Timothy A. Ross 編 Chinese Stories from Taiwan: 1960-1970，由美國哥倫比亞大學出版。
	本年	以交換學者名義赴美國傑克森維爾市佛羅里達大學等校，授課並研究一年。
1977年	5月	14日，發表〈給歐陽子的信〉於《聯合報》第12版。
1978年	2月	發表〈鄉土文學的功與過及其經濟觀和文化觀〉於《夏潮》第4卷第2期。
	3月	5日，發表〈讀楊牧的詩〉於《聯合報》第12版。
	11月	長篇小說《家變》由臺北洪範書店出版。
	12月	17日，臺、美斷交，受《聯合報》副刊採訪之〈「保護臺灣，建設臺灣」是我們目前的理想〉，刊於《聯合報》第12版「邁向頂風逆浪的征程——請聽文學藝術工作者堅定的聲音」專題。

1979 年	5 月	5 日，發表〈創造文言、白話、歐化的理想文體〉於《聯合報》第 12 版「新文學的再出發！——文藝節特輯」。
	9 月	短篇小說集《十五篇小說》由臺北洪範書店出版。
	本年	長篇小說《背海的人》（上冊）書寫完成。
		升任臺灣大學外國語文學系教授，講授小說課程。
1980 年	1 月	1 日，發表〈怎樣做，一個作家才不會被毀掉〉於《聯合報》第 8 版「創造現代文學的盛唐！——展望八十年代的中國文壇」專題。
	8 月	3 日，出席《現代文學》創刊 20 週年酒會，與白先勇、李歐梵、姚一葦共同擔任主持。
	9 月	11 日，應邀出席中國時報社舉辦的「時報文學週」活動，主講「重認《聊齋》——試讀〈寒月芙蕖〉」。講詞刊於本年 10 月 7 日《中國時報》第 8 版。
		14 ～ 21 日，長篇小說〈背海的人〉（上）摘要刊出，連載於《中國時報》第 8 版。
		16 日，發表〈如何「審判」小說〉於《聯合報》第 8 版，本文為應第五屆「聯合報小說獎」之邀，表述評審審美標準的專文。
		27 日，應邀出席「聯合報第五屆短篇小說獎」總評會議，與會者有朱炎、余光中、林海音、劉紹銘。會議紀實後刊於《聯合報六九年度短篇小說獎作品集》，由臺北聯合報社出版。

	10 月	長篇小說〈背海的人〉（上）連載於《中外文學》第 9 卷第 5～7 期。
	11 月	14 日，發表〈人情練達即文章——評〈自己的天空〉〉於《聯合報》第 8 版。
1981 年	4 月	4 日，發表〈精神的福音書——文豪托爾斯泰二三事〉於《聯合報》第 8 版。 長篇小說《背海的人》（上冊）由臺北洪範書店出版。
	5 月	15 日，發表〈永遠芬芳的花朵——介紹「1930 年代法國電影展」九部名片〉於《中國時報》第 8 版。
	10 月	23 日，發表〈金馬聲中讀楚浮〉於《中國時報》第 8 版。
	12 月	撰〈《現代文學論》序〉，《聯副三十年文學大系評論卷 3：現代文學論》（臺北：聯合報社）。
	本年	父親王仲敏逝世。
1982 年	3 月	短篇小說集《龍天樓》由臺北大林出版社再版。
	9 月	25 日，發表〈《墮落天使》、《扒手》和《布龍森林的貴婦》〉於《中國時報》第 8 版。
1983 年	1 月	發表〈從神話到電影——《奧菲》〉於《電影欣賞》第 1 卷第 1 期。
	7 月	6 日，發表〈藝術與思想結合的實證〉於《聯合報》第 8 版。
	8 月	17 日，發表〈隨想四題〉於《聯合報》第 8 版。
	9 月	發表〈《天堂的小孩》欣賞〉於《電影欣賞》第 1 卷第 5 期。

	10月	7～9日，〈《蒼蠅王》中的兩個中心主題——本屆諾貝爾文學獎得主威廉・高汀作品中的「人類文明形成和人性的基惡」〉連載於《中國時報》第8版。
	12月	6～7日，〈統一與矛盾——《美麗新世界》與《一九八四》政治立場的比較〉連載於《中國時報》第8版。
1984年	5月	12日，發表〈電影就是文學〉於《聯合報》第8版。
	6月	6日，發表〈電影還是文學〉於《聯合報》第8版。
		11日，發表〈狄更司的《孤雛淚》〉於《中國時報》第8版。
	10月	3日，發表〈〈滄桑〉讀後〉於《中國時報》第8版。
		7日，發表〈旅途和島嶼——柏格曼的電影模式〉於《中國時報》第8版。
	11月	6日，發表〈《錫鼓》鼕鼕〉於《中國時報》第8版。
	12月	23日，發表〈和氣的人〉於《聯合報》第8版。
1985年	2月	發表〈手記閑鈔〉於《聯合文學》第4期。
	3月	15日，發表〈張曉風的藝術——評《我在》〉於《中國時報》第8版，後改篇名為〈張曉風的散文——從《我在》談起〉。
	5月	16～17日，〈《葛楚》及其他〉連載於《聯合報》第8版。

	9月	撰〈《寫給幸福》序〉，《寫給幸福》，席慕蓉著（臺北：爾雅出版社）。
	10月	1日，發表〈人文與人道——尚‧雷諾電影的分類〉於《中國時報》第8版。
	11月	發表〈手記續鈔〉於《聯合文學》第13期。
	本年	於臺北古亭天主堂領洗。
1986年	2月	18日，發表〈我為什麼要寫作〉於《聯合報》第8版，後改篇名為〈為何寫作〉。
	3月	12～13日，〈思維詩的來臨——評介葉維廉《憂鬱的鐵路》〉連載於《中國時報》第8版。 18日，發表詩作〈孔雀之歌〉於《聯合報》第8版。
	5月	12日，發表〈德萊葉的《復活》〉於《中國時報》第8版。 《當代》雜誌創刊，任編輯顧問，至1996年2月。
	6月	27日，發表〈李祖原水墨畫展小記〉於《中國時報》第8版。
	8月	15日，發表〈現代主義的質疑和原始〉於《中國時報》第8版。
	9月	發表〈故人與舊作〉於《當代》第5期。
	11月	8～10日，與英國格雷安‧葛林（Graham Greene）、日本遠藤周作獲輔仁大學選為第一屆文學與宗教國際會議之主題作家，應邀出席會議。議程第三日，發表專題演講〈「士為知己者死」的文學〉，講詞刊於本月12日《中國時報》第8版。

		9 日，應《中國時報》副刊之邀，與遠藤周作進行「從《沉默》到《家變》」文學對話。對談紀錄刊於本月 17 日《中國時報》第 8 版。
1987 年	1 月	發表〈無休止的戰爭〉於《文星雜誌》第 103 期。
	9 月	16 日，發表〈神話集〉於《聯合報》第 7 版「手記文學展」專欄。
	10 月	9 日，應邀擔任耕莘青年寫作會「大陸三十年代文學」系列講座主講人。
1988 年	1 月	5 日，發表〈我的新年新計畫〉於《中央日報》第 18 版。
	3 月	發表獨幕劇〈M 和 W〉於《聯合文學》第 41 期。
	4 月	《書和影》由臺北聯合文學出版社出版。
	5 月	21 日，應邀出席《聯合文學》、《聯合報》副刊、世華銀行慈善文化基金會共同舉辦的十場中國經典小說解析講演，與康來新、葉慶炳、鄭明娳等人擔任主講。
	6 月	發表〈現文憶舊〉於《中國時報》第 18 版。
	8 月	台南人劇團於華燈小劇場搬演王文興獨幕劇作〈M 和 W〉。
	9 月	16 ～ 18 日，發表〈研究室手記：宗教及其他〉於《聯合報》第 21 版。
	10 月	11 日，發表〈談《附魔者》〉於《中央日報》第 16 版。
		21 日，發表〈無所為而為的散文——評〈酒與補品的故事〉〉於《中國時報》第 18 版，後改篇名為〈無所為而為的散文——評柯翠芬作〈酒與補品的故事〉〉。

1989 年	8 月	發表〈立體與平面——評王湘琦的〈黃石公廟〉〉於《聯合文學》第 58 期。
	12 月	6 日，發表〈瑪格麗・杜哈的書和影〉於《中國時報》第 27 版。
	本年	母親林蘊瑛逝世。
1990 年	2 月	發表〈五省印象（上）〉於《聯合文學》第 64 期。
	3 月	發表〈五省印象（下）〉於《聯合文學》第 65 期。
	9 月	19 日，應邀參加「書巢」推出之名家名作系列講座，主講「周作人的小說」。
1991 年	2 月	發表〈山河略影（上）〉於《聯合文學》第 76 期。
	3 月	發表〈山河略影（下）〉於《聯合文學》第 77 期。
		發表〈後期印象觀〉於《聯合文學》第 77 期。
	4 月	7 日，發表〈憶往〉於《中國時報》第 31 版。
		發表〈中國社會主義的 Human Face：何新先生文章的感想〉於《海峽評論》第 244 期。
	5 月	6 日，發表〈旅記三則〉於《聯合報》臺中版第 41 版。
	6 月	發表〈仕女圖——觀曾縵雲女士畫作〉於《雄獅美術》第 244 期。
	7 月	25 日，發表〈視覺至上：黑澤明的改變〉於《聯合報》第 25 版。
1992 年	5 月	9 日，發表〈導演與演員——舊片《馬蒂》析談〉於《中國時報》第 38 版。

		曾與陳若曦、白先勇於 1959 年先後致函赴美執教的夏濟安，請教文學閱讀、創作與創辦《現代文學》等問題。這些信件由夏志清整理為〈濟安師祝勉《現文》主編——名作家書信選錄〉一文，刊於《聯合文學》第 91 期。
	6 月	7 日，應邀出席新聞局電影處、文建會、聯合文學出版社與年代影視舉辦的「文學電影營」活動，與吳念真、黃春明共同擔任主講人。
	9 月	發表〈西北東南（上）〉於《聯合文學》第 95 期。
	10 月	17 日，應邀出席於臺北耕莘文教院舉行之「現代臺灣文學講座第八次專題研討」，主講「漫談言淺意深的文學」，講詞〈言淺意深的文學〉刊於本年 12 月 4 日《中國時報》第 33 版。
		發表〈西北東南（下）〉於《聯合文學》第 96 期。
	11 月	7 日，發表〈高里斯麥基的浪漫〉於《中國時報》第 22 版。
1993 年	3 月	6 日，誠品書店舉辦「40 位當代作家親筆簽名珍藏會」活動，現場展售包括王文興在內共 40 位作家親筆簽名作品。
	4 月	6 日，發表〈重遊小記〉於《聯合報》第 37 版。
	8 月	22 日，發表〈懷仲園〉於《中國時報》第 27 版。
	9 月	長篇小說《背海的人》上冊英文本 *Backed against the Sea* 由美國康乃爾大學出版。（Edward Gunn 翻譯）
	11 月	27 日，發表〈也談費里尼——費里尼電影的新與舊〉於《中國時報》第 39 版。

		王文興口述；許慧蘭記錄整理〈王文興略談文學佳譯〉，刊於《藝術家》第 222 期。
1994 年	7 月	6 日，長篇小說《家變》獲張大春製作主持的電視讀書節目「縱橫書海」選為對臺灣影響深遠的 30 本書籍之一。
1995 年	5 月	長篇小說《家變》英文本 *Family Catastrophe* 由美國夏威夷大學出版。（Susan Dolling 翻譯）
	10 月	3 ～ 8 日，應邀赴德國柏林參加世界作家會議，個人論題為「德譯《背海的人》上冊」。
1996 年	8 月	12 日，發表〈波德萊爾禮讚〉於《中國時報》第 19 版。
	9 月	鄭樹森主編《草原底盛夏》，由臺北洪範書店出版。
	12 月	發表〈《卡拉馬助夫兄弟》一書中的宗教觀〉於《聯合文學》第 13 卷第 2 期。
1997 年	1 月	8 日，發表〈行雲流水，筆鋒幽默：《山居歲月》觀後感〉於《中國時報》第 31 版。
	11 月	發表〈巴里島〉於《中外文學》第 26 卷第 6 期。
	12 月	25 日，應邀出席行政院文建會主辦，《聯合報》副刊承辦之「臺灣現代小說史研討會」，擔任「小說家的挑戰」座談會引言人，主持人為瘂弦，其他引言人有黃春明、李喬、李昂、張啟疆、黃錦樹。座談紀錄連載於 1998 年 1 月 19 ～ 20 日《聯合報》第 41 版。
	本年	長篇小說《背海的人》（下冊）書寫完成。

1998 年	5 月	受《遠見雜誌》專訪之文章〈二十四年一場「背海」夢〉刊於《遠見雜誌》第 14 期。當時王文興正投入長篇小說《背海的人》下冊最後的抄寫工作。
	7 月	發表〈波特萊爾仿譯 7 首暨序〉於《中外文學》第 314 期。
1999 年	1 月	長篇小說〈背海的人〉（下）連載於《聯合文學》第 171 〜 176 期。
	2 月	5 日，長篇小說《家變》獲行政院文建會選為 30 部「臺灣文學經典」之一。
	4 月	24 日，《中國時報》「人間」副刊與慈濟大愛電視臺合作推出「人生採訪——當代作家映象」專題，製作包括王文興在內 12 位作家的文字報導與系列節目。王文興之大事紀、新作與專訪文章連載於本年 11 月《中國時報》第 37 版，同時由慈濟大愛電視臺製播「人生採訪——當代作家映象 8：王文興」專輯。
	6 月	10 日，《家變》獲香港《亞洲週刊》選為香港 20 世紀小說一百強之一。
		長篇小說《家變》法文本 *Processus familial* 由法國 ACTES SUD 出版。（Camille Loivier 翻譯）
	9 月	長篇小說《背海的人》（上、下冊）由臺北洪範書店出版。
	11 月	18 〜 19 日，〈今日美語〉連載於《中國時報》第 37 版之「人生採訪——當代作家映象 8：王文興」專題。

		18～20 日，〈大事紀〉連載於《中國時報》第37 版之「人生採訪——當代作家映象 8：王文興」專題。
		20～23 日，受成英姝專訪的文章〈融會貫通的模仿〉連載於《中國時報》第 37 版之「人生採訪——當代作家映象 8：王文興」專題。
	12 月	4 日，應邀出席《中國時報》「人間」副刊舉辦的「王文興座談會」。該座談為「人生採訪——當代作家映象」專題活動，主席為楊澤，其他座談者有易鵬、賴香吟、楊照等人。座談紀錄刊於本月 15 日《中國時報》第 37 版。
		23 日，長篇小說《背海的人》（下）獲《聯合報》讀書人年度最佳書獎。
2000 年	3 月	發表〈波特萊爾印象〉於《聯合文學》第 185 期。
	4 月	28 日～5 月 1 日，受黃恕寧訪談之文章〈現代交響樂——王文興訪談錄〉連載於《聯合報》第 37 版。
	9 月	長篇小說《家變》由臺北洪範書店再版。
		捐贈《家變》、《背海的人》、雜記手稿以及信函予臺灣大學圖書館典藏。
	10 月	16 日，受吳婉茹專訪之文章〈文學的馬拉松——訪王文興談《家變》再版〉刊於《聯合報》第 37 版。
	11 月	15 日～12 月 31 日，臺灣大學圖書館舉辦「王文興手稿資料展——臺大近代名家手稿系列展之一」，並針對王文興作品舉辦座談會與數場專題演講。

		17 日，應邀出席臺灣大學舉辦之「與王文興教授談文學與寫作」座談會，該座談為「王文興手稿資料展」系列活動之一。座談紀錄後刊於《中外文學》第 30 卷第 6 期「王文興專號」。
	本年	春暉影業與公視合作製播「作家身影系列二：咱的所在・咱的文學」，拍攝包括王文興在內 13 位作家的紀錄片，王文興部分為《作家身影系列 13：推巨石的人——王文興》。
2001 年	1 月	18 日，應邀出席東華大學創作與英語文學研究所舉辦之「四首詞的討論」座談會。座談紀錄後刊於《中外文學》第 30 卷第 6 期「王文興專號」。
	2 月	17 日，應邀出席臺灣師範大學英語學系與文化研究學會合辦之「文化研究論壇」，與羅青對談。對談紀錄後刊於《中外文學》第 30 卷第 6 期「王文興專號」。
	4 月	24～26 日，短評〈有海明威的筆意——讀〈秋明〉〉、〈聯上文，更為有趣——讀〈秋婉〉〉、〈虛中有實，力量可觀——讀〈秋暮〉〉連載於《聯合報》第 37 版。
	6 月	30 日，應邀出席臺灣師範大學英語學系與文化研究學會合辦之「文化研究論壇」，與李祖原對談。對談紀錄後刊於《中外文學》第 30 卷第 6 期「王文興專號」。
	8 月	29 日，受林秀玲專訪。訪談文章〈林秀玲專訪王文興：談《背海的人》與南方澳〉後刊於《中外文學》第 30 卷第 6 期「王文興專號」。

	11 月	發表〈蘇子瞻黃州赤壁三構合讀〉於《中外文學》第 30 卷第 6 期「王文興專號」。
		《中外文學》第 30 卷第 6 期推出「王文興專號」（專號編輯：林秀玲），以長篇小說《背海的人》、中國詩詞藝術、傳統與現代美學為主題，收錄專訪、側寫與數篇論文，並舉辦座談會，收錄座談紀錄。此外，亦收錄臺灣大學圖書館舉辦之「王文興手稿資料展」活動紀錄與相關論文，該專號以多元面向呈現王文興的藝術成就。
2002 年	7 月	《小說墨餘》由臺北洪範書店出版。
2003 年	3 月	21 日，發表〈書法是藝術的頂巔——董陽孜「字在自在」書法展贈言〉於《中國時報》第 43 版。
		29 日，應邀出席董陽孜「字在自在」書法展之書藝系列座談會，與姚仁祿對談。對談紀錄刊於本年 6 月 8 日《聯合報》E7 版。
	7 月	《星雨樓隨想》由臺北洪範書店出版。
	12 月	5 日，發表〈非常有意義的活動——我看「最愛 100 小說大選」〉於《聯合報》E7 版。
		11 日，受臺灣大學建築與城鄉研究所訪談。訪談紀錄後刊於《市定古蹟紀州庵修復調查研究（含再利用構想暨保存區計畫）》，由臺北市文化局出版。後經《文訊》雜誌整理為〈憶紀州庵舊事——兼談對紀州庵文學森林發展的期待〉，刊於第 311 期。
		31 日，《星雨樓隨想》獲《聯合報》讀書人年度最佳書獎。

2004 年	2 月	短篇小說集《十五篇小說》法譯本 *La Fête de la déesse Matsu*（海濱聖母節），由法國 ZULMA 出版。（Camille Loivier 翻譯）
	3 月	13 日，〈星雨樓癸未隨想〉（1～14）連載於《聯合報》E7 版，至次年 1 月 9 日止。
		22 日，發表〈從一開始〉於《中國時報》E7 版。
	5 月	1 日，應邀出席「文學與建築的對話」座談會，阮慶岳為主講人。座談紀錄刊於 7 月《臺灣建築報導雜誌》第 106 期。
2005 年	2 月	與妻子陳竺筠同時自臺灣大學外國語文學系退休，專事寫作。
		以宗教為主題，開始寫作第三部長篇小說。
	3 月	20 日，臺北城南水岸文化協會舉辦「文學與音樂相遇在紀州庵」活動，推行同安街老樹及古蹟紀州庵之保存運動，王文興、余光中及隱地應邀出席座談，回憶臺北城南的昔時風貌。
		發表〈經典劇作的真實呈現：《慾望街車》觀後感〉於《聯合文學》第 245 期。
2006 年	2 月	應法國國家科學研究中心之邀，與法國作家雅各‧胡博（Jacques Roubaut）同以數字為題旨各自創作。王文興後完成短篇小說〈明月夜〉，於本年 6 月赴巴黎「人文學科之家」參加創作討論會，提出作品並發表演講。
	6 月	30 日，發表短篇小說〈明月夜〉於《聯合報》E7 版。
	11 月	《書和影》由臺北聯合文學出版社再版。

2007 年	5 月	發表〈源源不絕的曲折〉於《印刻文學生活誌》第 45 期。
	5 月	11 日～6 月 15 日，應邀出席中央大學文學院舉辦的「《家變》逐頁六講」講座，每週一回，與師生討論《家變》文本與寫作過程。
	9 月	發表〈《星雨樓隨想續文》序〉、〈三城見聞——星雨樓隨想續文〉、〈巴黎五日——星雨樓隨想續文〉、〈王文興大事記〉於《逍遙》第 15 期。
	11 月	3 日，發表〈郭軔的抽象新作〉於《聯合報》E3 版。
		15 日，獲臺灣大學頒授名譽文學博士學位。
2008 年	1 月	發表〈1981 年手記：星雨樓隨想續文〉於《聯合文學》第 279 期。
	2 月	發表〈1981 年舊抄：星雨樓隨想續文〉於《逍遙》第 20 期。
	3 月	10～11 日，應邀赴新加坡萊佛士初級學院，進行兩場與長篇小說《家變》、短篇小說〈命運的跡線〉相關的演講。
		11～13 日，〈1980 年手記：星雨樓隨想續文〉連載於《聯合報》E3 版。
	8 月	21 日～9 月 25 日，應麥田出版公司之邀，每週於金石堂書店（臺北信義店）講授「詩文慢讀六講」課程。《聯合報》副刊節選 9 月 4 日第二講〈王文興讀唐人傳奇——盧頊表姨〉，分上、下兩篇，連載於本年 12 月 22～23 日《聯合報》E3 版。

	9月	21 日，應邀出席「白先勇的藝文世界」系列講座——「驀然回首：現代文學！」座談會，與白先勇、陳若曦、葉維廉、李歐梵、鄭恆雄對談。 30 日，應九歌出版社之邀，出席陳若曦於臺北明星咖啡館舉行之「《堅持・無悔──陳若曦七十自述》新書發表會」。
	12月	發表〈前輩的成就〉於《傳記文學》第 559 期。
2009 年	1月	林國卿筆記整理王文興「小說探微」授課紀錄，共九講，連載於《聯合文學》第 291 ～ 299 期。內容為精讀凱薩琳・曼斯菲爾德（Katherine Mansfield）的短篇小說〈玩具屋〉（"The Doll's House"）。
	2月	19 ～ 21 日，應邀出席加拿大卡加利大學主辦之「中文敘事語言的藝術：王文興國際研討會」（Art of Chinese Narrative Language: International Workshop on Wang Wen-hsing's Life and Works）暨王文興劇作及短篇小說公演；與妻子陳竺筠分別以中、英文演說「讀與寫」、「平靜儉樸的生活」。
	4月	9 ～ 30 日，應麥田出版公司之邀，每週於金石堂書店（臺北信義店）講授「詩文慢讀續講」課程。
	10月	29 日，應邀出席第 13 屆「國家文藝獎」頒獎典禮，獲頒文學類獎章。
	11月	4 日，應邀出席麥田出版公司舉辦之「從《家變六講》談詩文慢讀──王文興新書發表會暨榮獲國家文藝獎祝賀會」，同時慶祝 70 歲生日。

		《家變六講──寫作過程回顧》由臺北麥田出版公司出版。
2010 年	3 月	4～25 日，應麥田出版公司之邀，每週於金石堂書店（臺北信義店）講授「稼軒詞選四講」課程。
	5 月	8 日，應邀出席臺北市文化局主辦，財團法人臺灣文學發展基金會承辦之「穿越林間聽海音──林海音文學展」系列講座，與余光中以「巷道的詩，河岸的小說」為題於紀州庵新館對談。
	6 月	4～5 日，應邀出席中央大學主辦之「演繹現代主義：王文興國際研討會」。
	10 月	29 日～ 12 月 10 日，應中央大學、臺灣大學、麥田出版公司之邀，前後三週分別於中央大學與臺灣大學講授「《背海的人》六講」課程。
	11 月	《王文興手稿集：家變、背海的人》由臺北臺灣大學圖書館、臺灣大學出版中心、行人文化實驗室聯合出版。
2011 年	1 月	《玩具屋九講》由臺北麥田出版公司出版。
	4 月	6 日，應邀出席目宿媒體公司策劃製作的「他們在島嶼寫作·文學大師系列電影」聯合發表會。此系列電影由和碩聯合董事長童子賢發起，以王文興、余光中、林海音、周夢蝶、楊牧、鄭愁予六位作家為主題，共拍攝六部文學電影。王文興部分由林靖傑執導，為《尋找背海的人》。
		8 日，應邀出席於臺北國賓影城舉辦的《尋找背海的人》首映會。
		22 日，獲法國在臺協會頒贈法國藝術暨文學騎士勳章。

		黃恕寧、Fred Edwards 合編 *Endless War: Fiction and Essays by Wang Wen-hsing*，由美國康乃爾大學出版。
	5 月	22 日，應邀出席文訊雜誌社與趨勢教育基金會、國家圖書館、國立臺灣文學館、成功大學文學院合辦的「百年小說研討會」，專題演講「魯迅《古小說鉤沉》的啟示」，演講紀錄刊於《文訊》第309 期
	7 月	30 日～ 8 月 13 日，應麥田出版公司之邀，每週於金石堂書店（臺北信義店）講授「《背海的人》三講」課程。
	8 月	27 日，應邀赴馬來西亞吉隆坡，獲頒第六屆「花踪世界華文文學獎」。 擔任臺灣師範大學應用華語文學系講座教授。
	10 月	13、21、31 日，應邀出席臺灣師範大學應用華語文學系與通識教育中心合辦之文學講座，主講「《家變》例講」。
	11 月	12 日，應邀出席臺北市文化局、文訊雜誌社、紀州庵文學森林合辦之「臺北的告白：關於我的10 件事」主題書展開幕式。
	12 月	24 日，紀州庵文學森林正式開幕，應邀出席「歡鑼喜鼓慶開館——來去紀州庵文學森林」活動。
2012 年	3 月	22、29 日，應邀出席臺灣師範大學通識教育中心主辦之「我的創作歷程」藝文講座，主講「《背海的人》例講一、二」。

包括林靖傑執導《尋找背海的人》在內，《他們在島嶼寫作》12 片 DVD 與六本小傳，由臺北行人文化實驗室出版。

4 月　12 日，應邀出席臺灣師範大學通識教育中心主辦之「我的創作歷程」藝文講座，主講「《背海的人》例講三」。

20 日，應邀出席紀州庵文學森林舉辦之「文人、水岸，我的生活我的家：紀州庵暨城南文學脈流展」開幕春茶會。

5 月　31 日，應邀出席淡江大學外國語文學院主辦之「大師演講」活動，主講「如何接近文學——鄭板橋『道情』例講」。

7 月　受中國《南方人物週刊》專訪之〈雕刻小說〉刊於《南方人物週刊》2012 年第 23 期。

12 月　7 日，應邀出席紀州庵文學森林與上海商業銀行文教基金會合辦之「我們的文學夢」系列講座，主講「《家變》的場景」。

12、17 日，應邀出席臺灣師範大學應用華語文學系與臺灣語文學系合辦之文學講座，主講「《背海的人》」。

23 日，應邀出席紀州庵文學森林舉辦之「馬路嘉年華：紀州庵文學森林慶週年」活動。

2013 年　2 月　1 日，應邀出席臺灣大學出版中心於臺北世貿一館主辦的「當夢想與理想交會——《我的學思歷程 6》新書發表暨座談會」，與吳炫三、劉炯朗擔任主講人。

	3 月	2 日，受中國《新京報》專訪之〈王文興：沒有筆記的書等於白唸〉刊於《新京報》C13 版。
	5 月	16 日，應邀出席臺灣師範大學應用華語文學系與通識教育中心合辦之「電影座談會」。
		21、30 日，應邀出席臺灣師範大學應用華語文學系與通識教育中心合辦之文學講座，主講「《背海的人》」。
	12 月	黃恕寧、康來新、洪珊慧合編的「慢讀王文興」叢書，共七冊，由臺灣大學出版中心出版。
2014 年	11 月	2 日，香港電台《雕刻文學——王文興》紀錄片首播。
2016 年	8 月	發表〈洪範四十年〉、〈王文興長篇小說《剪翼史》（摘錄）〉於《文訊》第 370 期。
		長篇小說《剪翼史》由臺北洪範書店出版。
2017 年	2 月	撰〈序——文學與學問雨中歸來〉，《雨霧中歸來》，葉維廉著（臺北：臺灣大學出版中心）。
	3 月	1 月，《臺灣文學英譯叢刊》第 39 期推出「王文興專輯」。
	9 月	2 日～ 10 月 21 日，應紀州庵人文講堂之邀，於紀州庵文學森林講授「『舊詩新探』——李商隱詩的再認」課程。
2018 年	1 月	發表〈余先生的後院〉於《文訊》第 387 期。
	6 月	發表〈跨領域文學例講〉於《東海中文學報》第 35 期。
	10 月	12 日，發表〈大一國文重修〉於《聯合報》D3 版。

2019 年	3 月	發表〈星雨樓續抄之一：人的身體是一座箜篌〉於《文訊》第 401 期。
	5 月	發表〈星雨樓續抄之二：比夢還要超現實〉於《文訊》第 403 期。
	7 月	發表〈星雨樓續抄之三：一隻蝴蝶的重要與時長〉於《文訊》第 405 期。
	9 月	發表〈敬懷張秀亞教授〉、〈星雨樓續抄之四：只一個靜字〉於《文訊》第 407 期。
	11 月	發表〈星雨樓續抄之五：夢中自有所遇〉於《文訊》第 409 期。 文集《新舊十二文》由臺北洪範書店出版。
2020 年	1 月	發表〈星雨樓續抄之六：滿空的烏雲都不見了，到那兒去了？〉於《文訊》第 411 期。
	2 月	發表〈星雨樓續抄之七：荒唐絕倫的離奇〉於《文訊》第 412 期。
	3 月	發表〈真正的藝術家〉、〈星雨樓續抄之八：關係都在夢境上〉於《文訊》第 413 期。
	4 月	發表〈星雨樓續抄之九：每個人都是大藝術家〉於《文訊》第 414 期。
	5 月	發表〈星雨樓續抄之十：淚比珍珠珍貴〉於《文訊》第 415 期。
	6 月	發表〈星雨樓續抄之十一：懷疑是智慧，但堅信是美德〉於《文訊》第 416 期。
	7 月	發表〈星雨樓續抄之十二：童趣與老境之間〉於《文訊》第 417 期。

	8 月	發表〈星雨樓續抄之十三：關於科學，我想說的是……〉、〈《剪翼史》勘誤表〉於《文訊》第418期。
	9 月	發表〈星雨樓續抄之十四：物質文明的夏日隨想〉於《文訊》第419期。
	10 月	發表〈星雨樓續抄之十五：知老之已至云爾〉於《文訊》第420期。
	11 月	發表〈星雨樓續抄之十六：不出門與天下事〉於《文訊》第421期。
	12 月	發表〈星雨樓續抄之十七：飲食男女，人之大欲〉於《文訊》第422期。
2021 年	1 月	發表〈星雨樓續抄之十八：動物方程式〉於《文訊》第423期。
	2 月	發表〈星雨樓續抄之十九：手記隨想，是我的書法〉於《文訊》第424期。
	3 月	發表〈星雨樓續抄之二十：若你白日太幸福〉於《文訊》第425期。
	4 月	發表〈星雨樓續抄之二十一：對不起了錢錢〉於《文訊》第426期。
	5 月	發表〈星雨樓續抄之二十二：大藝術家〉於《文訊》第427期。
	6 月	發表〈星雨樓續抄之二十三：花花世界，鴛鴦蝴蝶〉於《文訊》第428期。
	7 月	發表〈星雨樓續抄之二十四：人生藥不藥？〉於《文訊》第429期。

	8 月	發表〈星雨樓續抄之二十五：疫情當頭，睡睡平安〉於《文訊》第 430 期。
	9 月	發表〈星雨樓續抄之二十六：體，己話〉於《文訊》第 431 期。
	10 月	發表〈星雨樓續抄之二十七：築夢踏拾〉於《文訊》第 432 期。
	11 月	發表〈星雨樓續抄之二十八：房中術〉於《文訊》第 433 期。
	12 月	發表〈星雨樓續抄之二十九：美醜之辯〉於《文訊》第 434 期。
2022 年	1 月	發表〈星雨樓續抄之三十：我每日在家寫音樂〉於《文訊》第 435 期。
	2 月	發表〈星雨樓續抄之三十一：衣，我之見〉於《文訊》第 436 期。
	3 月	發表〈星雨樓續抄之三十二：儀式，無用之為用〉於《文訊》第 437 期。
	4 月	發表〈星雨樓續抄之三十三：主義的主意〉於《文訊》第 438 期。
	5 月	發表〈星雨樓續抄之三十四：遊與戲〉於《文訊》第 439 期。

參考資料：

朱立立編，〈附錄：王文興年譜〉，陳飛、張寧主編《新文學・第2輯》，鄭州：大象出版社，2004 年 6 月，頁 143-144。

〈王文興大事記〉，《逍遙》第 15 期，2007 年 9 月，頁 111-113。

劉采榆編，〈附錄一：王文興寫作年表〉，《叛逆者或改革者？——王文興小說研究》，政治大學國文教學碩士在職專班碩士論文，2007 年，頁 203-210。

洪珊慧編，〈附錄三：王文興生平與寫作年表〉，《新刻的石像——王文興與同世代現代主義作家及作品研究》，中央大學中國文學研究所博士論文，2011 年 6 月，頁 301-310。

網站：加拿大卡加利大學「王文興研究與資訊——王文興作品編年」，最後瀏覽日期 2013 年 11 月 16 日，http://people.ucalgary.ca/~snsciban/WWX/mn-01-BC.htm。

陳欣怡編，〈文學年表〉，《臺灣現當代作家研究資料彙編 48　王文興》，臺南：國立臺灣文學館，2013 年 12 月，頁 45-64。

洪珊慧編，〈生平與寫作年表〉，《西北東南——王文興研究資料彙編》，臺北：臺灣大學出版中心，2013 年 12 月，頁 1-23。

洪珊慧編，〈王文興生平與寫作年表〉，《新舊十二文》，臺北：洪範書店，2019 年 11 月，頁 197-222。

文訊雜誌社文藝資料研究及服務中心。

〈附錄〉

王文興著作目錄

◎文訊編輯部整理

【小說】

龍天樓

臺北：文星書店，1967 年 6 月，40 開，181 頁。

臺北：大林出版社，1969 年 6 月，40 開，181 頁。

臺北：大林出版社，1982 年 3 月，32 開，181 頁。

家變

臺北：環宇出版社，1973 年 4 月，32 開，195 頁。

臺北：洪範書店，1978 年 11 月，32 開，195 頁。

Susan Dolling 譯，*Family Catastrophe*, Honolulu, Hawaii: University of
Hawaii Press，1995 年 5 月，13.2×20.1 公分，259 頁。

Camille Loivier 譯，*Processus familial*, Arles, France: ACTES SUD，
1999 年 6 月，10×19 公分，395 頁。

臺北：洪範書店，2000 年 9 月，25 開，238 頁。

十五篇小說

臺北：洪範書店，1979 年 9 月，32 開，259 頁。

背海的人（上）

臺北：洪範書店，1981 年 4 月，32 開，182 頁。

Edward Gunn 譯，*Backed against the Sea*, Ithaca, New York: East Asia

Program, Cornell University，1993 年 9 月，14×21.6 公分，131 頁。

臺北：洪範書店，1999 年 9 月，25 開，182 頁。

背海的人（下）
臺北：洪範書店，1999 年 9 月，25 開，186 頁。

草原底盛夏
鄭樹森主編，臺北：洪範書店，1996 年 9 月，50 開，53 頁。

La Fête de la déesse Matsu（海濱聖母節）
Camille Loivier 譯，Paris, France: ZULMA，2004 年 2 月，25 開，166 頁。

剪翼史
臺北：洪範書店，2016 年 9 月，25 開，197 頁。

【散文】

星雨樓隨想
臺北：洪範書店，2003 年 7 月，25 開，224 頁。

【論述】

家變六講──寫作過程回顧
臺北：麥田出版公司，2009 年 11 月，25 開，329 頁。

玩具屋九講
臺北：麥田出版公司，2011 年 1 月，25 開，198 頁。

【文集】

玩具手鎗

臺北：志文出版社，1970 年 10 月，32 開，168 頁。

書和影

臺北：聯合文學出版社，1988 年 4 月，25 開，326 頁。

臺北：聯合文學出版社，2006 年 11 月，25 開，359 頁（增訂再版，
　　另增「新稿」一類，收錄數篇文章及詩作）。

小說墨餘

臺北：洪範書店，2002 年 7 月，25 開，226 頁。

王文興手稿集：家變、背海的人

臺北：臺灣大學圖書館、臺灣大學出版中心、行人文化實驗室，
　　2010 年 11 月，23.5×32 公分，兩冊。

Endless War: Fiction and Essays by Wang Wen-hsing

黃恕寧、Fred Edwards 編，Ithaca, New York: East Asia Program, Cornell
　　University，2011 年 4 月，14×21.5 公分，415 頁。

原來數學和詩歌一樣優美：王文興新世紀讀本

康來新編，臺北：臺灣大學出版中心，2013 年 12 月，25 開，299 頁。

新舊十二文

臺北：洪範書店，2019 年 11 月，25 開，222 頁。

國家圖書館出版品預行編目(CIP)資料

王文興訪談集 / 單德興編著. -- 臺北市 : 文訊雜誌社出版 ; [新北市]
: 聯合發行股份有限公司發行, 2022.05
　面；　公分
ISBN 978-986-6102-81-3(平裝)

1.CST: 王文興 2.CST: 作家 3.CST: 訪談 4.CST: 臺灣傳記

783.3886　　　　　　　　　　　　　　111005140

王文興訪談集

編 著 者　單德興
總 編 輯　封德屏
責任編輯　杜秀卿
校 　 對　單德興　杜秀卿　吳穎萍　陳雪美　趙麗婷
封面設計　翁翁・不倒翁視覺創意
出 　 版　文訊雜誌社
　　　　　地　　址：100012 臺北市中正區中山南路 11 號 B2
　　　　　電　　話：02-23433142　傳真：02-23946103
　　　　　電子信箱：wenhsunmag@gmail.com
　　　　　網　　址：http://www.wenhsun.com.tw
　　　　　郵政劃撥：12106756 文訊雜誌社
印 　 刷　松霖彩色印刷事業有限公司
發 　 行　聯合發行股份有限公司
出版日期　2022 年 5 月
定 　 價　新台幣 360 元
I S B N　978-986-6102-81-3

本書獲 台北市文化局 贊助出版
Department of Cultural Affairs
Taipei City Government